正向盈利

从全球40个商业模式
看企业的盈利与未来

倪云华

——著

北京大学出版社
PEKING UNIVERSITY PRESS

内 容 提 要

本书对全球上千家企业的40个商业模式实践做了深入研究，总结了企业如何找到最佳的商业模式、如何带来高盈利增长等一系列问题，以帮助企业找到最适合自己的商业模式，引领企业快速增长。

本书主要包括两大模块的内容，第一个模块介绍了设计商业模式的方法，书中将从创造价值、传递价值和获取价值三个部分来描述；第二个模块是全球40个最佳商业模式的案例介绍，每个案例都包括模式介绍、2~3个应用案例场景、模式的核心价值、模式如何使用、模式的应用这几部分内容。

本书适合想要尝试创业的人士、创业者，以及企业经营管理者阅读。

图书在版编目(CIP)数据

正向盈利：从全球40个商业模式看企业的盈利与未来 / 倪云华著. —北京：北京大学出版社，2020.8
　ISBN 978-7-301-21620-0

Ⅰ.①正… Ⅱ.①倪… Ⅲ.①企业管理－商业模式－研究 Ⅳ.①F272

中国版本图书馆CIP数据核字（2020）第067542号

书　　　名	正向盈利：从全球40个商业模式看企业的盈利与未来 ZHENGXIANG YINGLI: CONG QUANQIU 40 GE SHANGYE MOSHI KAN QIYE DE YINGLI YU WEILAI
著作责任者	倪云华　著
责任编辑	张云静
标准书号	ISBN 978-7-301-21620-0
出版发行	北京大学出版社
地　　　址	北京市海淀区成府路205号　100871
网　　　址	http://www.pup.cn　　新浪微博：@北京大学出版社
电子信箱	pup7@pup.cn
电　　　话	邮购部 010-62752015　发行部 010-62750672 编辑部 010-62570390
印　刷　者	北京中科印刷有限公司
经　销　者	新华书店
	880毫米×1230毫米　32开本　7.25印张　139千字 2020年8月第1版　2021年12月第2次印刷
印　　　数	6001–8000册
定　　　价	49.00元

未经许可，不得以任何方式复制或抄袭本书之部分或全部内容。
版权所有，侵权必究
举报电话：010-62752024　电子信箱：fd@pup.pku.edu.cn
图书如有印装质量问题，请与出版部联系，电话：010-62756370

前言 | PREFACE

当今，中国经济依然面临变革，商业环境也进入新的10年发展周期。过去10年，我们依赖的经济发展红利逐渐消失，商业回归至其本质。科技、产业互联网、新零售，哪些才是我们应该捕捉的发展方向？身处商场的你，如何找到最具价值和创新的商业模式，挖掘带来十倍增长的盈利点？

为此，我和团队用了3年时间，研究了全球上千家公司成功和失败的商业案例，最终定位了100家优秀公司。其中既有传统企业，也有科技巨头；既有百年老店，也有商业新贵。但它们都有一个特点，就是借助创新的商业模式，为企业带来了十倍乃至百倍的盈利增长。从中我们总结出40个有代表性的成功商业模式，其中既包含经典的成功模式，又包含创新的异类模式；既有互联网时代诞生的模式，又有揭示未来商业趋势的新兴模式。

在商业的发展过程中，成功一定属于那些勇于创新、坚持创新的公司。根据全球著名管理咨询公司的研究发现，商业模式上的创新和应用是企业成功最重要的因素，是企业持续成功的动力源泉。而更值得我们注意的是，商业模式是可以借鉴和利用的，比如我在书中提到的剃刀－刀片模式，这一创新的商业模式，最早从吉列公司诞生，产生了巨大的商业效益。这个模式同样被其他行业和公司所借鉴，如惠普公司用在了打印机行业，雀巢公司用在了咖啡机的销售上，它们都取得了巨大的商业成功。这就是借鉴、模仿和创新带来的价值。

这只是其中一个商业模式的应用，在全书中，我们有40个商业模式的武器供你使用。哪怕你用好其中一种，相信都会让你的企业发生巨大的变化。在内容的编排上，我们把这些创新的模式分为六篇。

第一篇为盈利突破篇，包括免费增值、负现金流循环、隐性收入等六个模式。这些模式的运用，可以帮助企业在产品和服务不变的情况下，带来收入的倍数增长。

第二篇为顾客心智篇，包括忠诚度奖励、用户锁定、C2B（消费者到企业）等六个模式。这些模式可以帮你长久地拥有客户，挖掘客户的终身价值和深度价值。

第三篇为创新战略篇，包括要素品牌、跨界竞争、隐形冠军、异类突围等八个模式。这些模式的运用，可以帮助你从战略层面获取成功发展的持久竞争力。

第四篇为科技驱动篇，包括分布式产权、网络效应、分享返利、按需付费等八个模式。这些模式可以教你依靠技术手段获取竞争优势并且盈利。

第五篇为经典商业模式篇，包括剃刀-刀片、保证可用性、品牌矩阵等七个模式。这些是被众多优秀企业实践、历久弥新的商业模式，至今仍然发挥着巨大的作用。

第六篇为未来商业模式篇，包括区块链、开源创新、众包等五个模式。这些模式在未来会为我们的商业持续带来颠覆性的变化。

以上就是这本书想要带给你的。我想这些模式和案例，一定会对你有所启发。无论你是在创业，还是在思考转型升级之路，你一定可以从中找到灵感和方向。哪怕你是初涉商场的新人，这些内容也一定会让你大开眼界，帮助你进行知识升级。

每一代人都认为自己是历史变革的见证者，但这种看法值得怀疑。我们如何将印刷机的发明与工业革命或互联网的出现进行比较？我们做不到。我们能做的是关注现在发生变化的一些特征，并思考它们为什么会出现，以及如何重塑商业、政府和社会。

未来公司的商业模式正在制定中。一个不能重塑自我、制定出可行商业发展模式的公司根本就没有前途，它会褪色甚至死亡。我们正处于变革之中,正如彼得·德鲁克所说,有变化的地方就有机会,而那些无法看到机会的人只能看到威胁,未来需要从现在开始把握。

最后,我还想把本书送给我的孩子倪楷铭,希望他可以成为一个善于思考、敢于创新、有所作为的人。

另外,我们将随书赠送三节视频课程,请扫描封底二维码,关注"博雅读书社"微信公众号,找到"资源下载"栏目,根据提示获取资源就可以了。如果读者想进一步学习关于企业盈利之道的相关知识,欢迎读者扫描下方二维码,订阅专栏进行深入学习。

目录 | CONTENTS

绪论　商业模式方法论　/ 1

第一篇　盈利突破篇　/ 11

1. 免费增值模式：
   先获取用户基数再赚钱的方法　/ 12
2. 负现金流循环模式：
   如何提升公司估值，而不只是增加利润？　/ 18
3. 隐性收入模式：
   如何通过隐蔽的盈利方式赚钱？　/ 21
4. 统一付费模式：
   提升产品性价比的方法　/ 27
5. 差异化定价模式：
   如何将同样的产品卖出更高的价格？　/ 33
6. 闪电扩张模式：
   快速抢占市场和客户的策略　/ 37

第二篇　顾客心智篇　/ 43

7. 忠诚度奖励模式：
   如何让客户成为你的死忠粉？　/ 44

8　C2B 模式：

　　让客户从被动接受到主动索取的方法　/ 50

9　体验销售模式：

　　打造企业与顾客之间的"第三空间"　/ 55

10　用户自助模式：

　　如何让客户帮你降低运营成本？　/ 60

11　白条消费模式：

　　遇到没钱的客户怎么办？　/ 64

12　用户锁定模式：

　　如何套牢用户，防止被竞争对手抢走？　/ 69

第三篇　创新战略篇　/ 73

13　要素品牌模式：

　　小公司如何通过杠杆提升品牌知名度？　/ 74

14　许可证模式：

　　怎样让你的专利和技术发挥更大价值？　/ 80

15　软硬件结合生态模式：

　　苹果商业帝国成功背后的密码　/ 85

16　跨界竞争模式：

　　商业竞争中如何展开"降维打击"？　/ 90

17　隐形冠军模式：

　　如何做到闷声发大财？　/ 95

18　异类突围模式：

　　对手太强，该如何应对？　/ 100

19　付费墙模式：

　　如何抓住最优质、最核心的顾客？　/ 105

20　隐性附加费模式：

　　从客户那里赚更多钱的方法　/ 110

第四篇　科技驱动篇　/ 113

21　分布式产权模式：

改变用户购买观念，赢得市场　/ 114

22　UGC 模式：

你以为消费者只停留在消费和使用商品上？　/ 118

23　效果交易模式：

什么是比精准还精准的交易方式？　/ 124

24　订阅模式：

快消品如何增强用户黏性？　/ 130

25　隐性营销模式：

让客户不知不觉下单的秘籍　/ 136

26　网络效应模式：

互联网公司强者愈强的逻辑是什么？　/ 141

27　分享返利模式：

如何让每一个客户都变成你的销售人员？　/ 146

28　按需付费模式：

把主动权交给客户，你才能赢得他　/ 151

第五篇　经典商业模式篇　/ 157

29　剃刀－刀片模式：

已经在多个行业被验证有效的定价利器　/ 158

30　长尾模式：

强调二八原理时，我们忽略了什么？　/ 164

31　经营模式授权模式：

借助外部资源打造自身品牌的方法　/ 170

32　保证可用性模式：

易被忽略的，却是用户选择你的重要原因之一　/ 176

33 超低价模式:

如何找到顾客的最大痛点？ / 182

34 零中间商模式:

传统但有效的模式 / 188

35 品牌矩阵模式:

捕捉每一个细分用户的方法 / 193

第六篇 未来商业模式篇 / 199

36 大规模定制模式:

如何将生产规模化和用户个性化完美结合？ / 200

37 区块链模式:

被误读的、颠覆性的技术模式 / 205

38 社群电商模式:

基于兴趣、个性化需求的圈子的销售方式 / 208

39 开源创新模式:

做大蛋糕的最有效方式 / 214

40 众包模式:

web 2.0 如何集众人之智？ / 218

绪论

商业模式方法论

商业模式一直是企业家和创业者们关心的话题。的确，商业模式的好坏决定了一个公司是否能够生存和发展。某著名的商业研究机构曾经对数千家企业的发展做过调研，总结出企业失败和消亡的十大重要因素，其中排名第一的就是商业模式因素。

在历史上，商业模式对企业发展的价值也超过其他很多因素。波士顿咨询公司在一份报告中指出，商业模式的改进，会比其他因素更能为企业带来持久的价值。如图 1 所示。

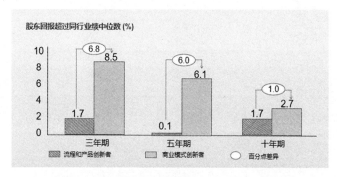

图 1　商业模式创新与流程 / 产品创新比较

通过一些例子就能更好地解读这一观点。我们不妨拿技术和商业模式来进行比较，看看哪个能产生更大的作用。我们知道 Google（谷歌）公司在搜索引擎技术方面居于全球领先地位。但其实 Google 并不是第一家发明这项技术的公司，这项搜索引擎技术在其创立前两年就已在美国高校的论文上被提出。但为什么是 Google 创造了时代神话？那是因为 Google 用一种创新的商业模式，让这种搜索方式变得可行和有价值,这就是伟大的 Adword 模式,即通过免费的方式,让用户获得价值,又通过其他的方式,让自身获得价值。是这种将创造价值和获取价值完美结合的商业模式,使其获得成功。

同样的例子在国内也有。说起国内社交通信的领先者,大家会想到腾讯公司。其实在腾讯诞生初期,QQ 的核心技术并不是由腾讯发明的,而是借鉴了国外的 OICQ 聊天工具技术。后来 OICQ 消失了,QQ 却生存下来了,这是因为腾讯找到了让 QQ 产生持续商业价值的商业模式,这又是商业模式带来的产业发展。

同样,反面的例子也数不胜数。我们知道最早发明数字照相技术的是柯达公司,但是柯达公司却因为商业模式没有超越技术创新,输在了这个时代。由此可见,商业模式的价值会给企业带来革命性的变化。

但对于商业模式的定义,学术界和业界一直有很多争论,也有很多版本。教科书上对于商业模式的定义是:企业与企业之间,企业的部门之间乃至企业与顾客、渠道之间存在的各种各样的交易关系和联结方式。但这个定义似乎过于抽象,难以捕捉到具象的形态。简单的关于商业模式的理解就是:让企业赚钱的模式。这个描述很易于理解,却找不到规律。

为了更好地理解什么是商业模式,更好地把握和设计好商业模式,我们来看一个例子。对比两家规模、行业、业务迥异的公司，看看它们之间有什么共通之处。

首先，我们来看一家奶茶铺。如果你要经营一家奶茶铺，你会做怎样的思考和行动？首先，你会考虑把一种产品卖给一个客户群，然后赚钱。你会思考年轻人群，特别是女性，会需要一种饮品，既要口味好，性价比也要不错。现在饮品市场上咖啡占主流，所以除咖啡之外的饮品一定有市场空间，比如奶茶。这就是你产品的价值：满足这一人群的特殊需求。然后你开始研制超级好喝的奶茶产品，可能还有多个品类。这是你要做的第一步：找到对某个目标人群有价值的产品或服务，并把它创造出来。

有了产品后，你第二步要做的是什么？你要思考的是，如何把这个产品交到消费者的手中。因此，你要做的第二件事情，就是在合适的地方找个店铺，然后开始装修门面，开展经营。除此之外，还得给这款奶茶起一个好听的名字，让店员在周边发传单，在朋友圈发消息，在大众点评等平台做广告。等客户来了，你可以在最短的时间内给客户提供一杯美味、可口的奶茶。你在这个过程中做的事情，其实就是把你创造的产品价值甚至理念，传递和交付到你的顾客手中。

你要思考的第三步是，在这个过程中，你的商业行为需要获取收益和价值。假如一杯奶茶销售价格为20元，扣除原料、租金、人工等成本后，你一个月可以赚多少钱？是入不敷出，还是略有盈余？你是不是会考虑除饮料外，还应该做点蛋糕之类的小生意？这就是我们收获价值的过程。图2为一家奶茶铺的商业发生过程。

奶茶铺

- 为年轻人提供奶茶
- 解决人们口渴/休闲的需求，区别于咖啡
- 各种配方
- 美味、可口

- 沿街开个商铺或门店
- 服务态度好
- 饮料做得快
- 在朋友圈发广告

- 奶茶一天卖出200杯，每杯平均20元，减去原材料、租金、人工、广告等成本，一个月利润8万元

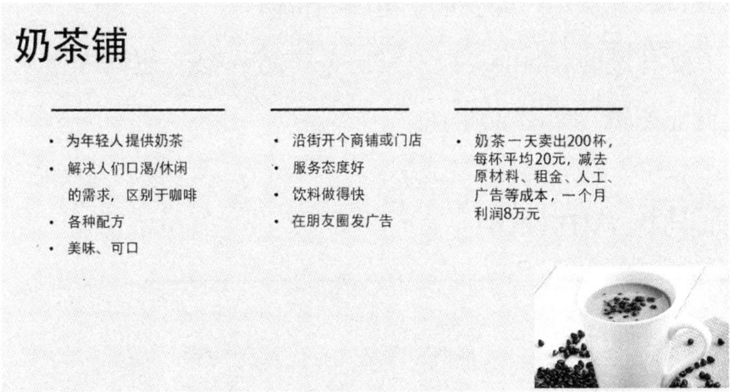

图2　奶茶铺的商业发生过程

我们再来看看另外一家企业，一个规模、行业和业务完全不同的公司——亚马逊，是怎么思考和做生意的。

亚马逊创始人贝佐斯创立亚马逊时，首先看到的是什么机会呢？就是如何让人们更容易地在网上浏览和选购图书，而不用去书店购买，为用户提供便利性的价值以及价格上的优惠。他为了交付这个价值给用户，做了一个网站，然后建立了物流体系，以及一系列的运营体系，让用户有了更好的体验。在这个过程中，他把价值交付到了用户的手里，同样也从用户那里获取了价值，这个价值既包括用户为他带来的收入，也包括因为用户不断增长、规模不断扩大所带来的公司估值的增长。

这是他第一个产品业务,在此基础上,他发现用户除购买图书之外,还想通过网站获取其他的商品,因此亚马逊就把产品的链条从图书延伸到多个品类,为用户提供更多的价值,也因此从用户处获取了更多的价值。

亚马逊的Kindle,以及云服务产品AWS,也同样遵从上述商业逻辑。如图3所示。

图3 亚马逊的商业发生过程

现在亚马逊的市值超过万亿美元,它和前面我们提到的小奶茶铺不可等量齐观。但是,你在其中有没有发现一些共性和规律性的东西呢?

无论是奶茶铺还是亚马逊,在整个商业过程中,都在做这三个维度的思考:第一,如何创造一种有价值的产品或服务,满足用户的某类需求,无论是商品、体验,还是企业服务等,这个过程企业要做的是生产或研发的工作;第二,如何让更多的用户知道我们的产品价值并使用它,这是企业传递、交付商品或服务的过程，用户用他的钱交换我们的商品或服务，这个过程企业要做的是运营、营销的工作；第三，企业在前期创造和传递价值是付出成本的过程，企业要通过收获价值获得应有的回报，这个价值可能是利润，也可能是估值。图4为商业模式的三个环节。

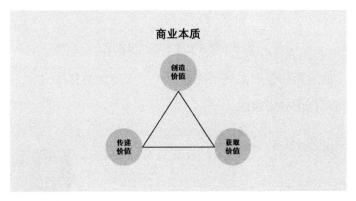

图4　商业模式的三个环节

商业的本质是企业和用户进行价值交换的过程。而企业在这个过程中经历了创造价值、传递价值和获取价值三个环节。任何商业模式，无论其行业、领域还是规模，都在经历这三个环节，这就是商业模式的本质。企业设计商业模式的过程，就是如何更好地创造价值、传递价值以及获取价值的过程，商业模式的创新也都来自于此。

商业模式的三个环节是一个不等式，如图5所示。在这个不等式中，如果创造价值和传递价值大于获取价值，那企业就处于亏损状态；如果创造价值加上传递价值小于获取价值，那这个企业就是盈利的企业。这就是商业模式的核心，也是我们做商业模式设计和模式创新的源泉。

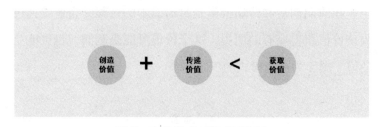

图5　商业模式不等式示意图

如果用一张图来展示商业模式三大模块的具体内容，我们可以用图6来表述。

图6　商业模式的三大模块

在创造价值的环节，我们要关注的内容有以下三个方面。

①谁是目标客户群，即客户群细分；

②这个群体有什么样的需求未被很好地满足，这是创造价值的切入点，也是我们的机会所在；

③针对这个未被满足的需求，应该用什么样的产品或方案来解决。这是价值创造的过程。

在传递价值的环节，我们要关注的内容包括以下三个方面。

①产品或服务的UVP（市场指导价）是什么，即独特的价值定位是什么；

②通过什么方式把产品或服务的价值传播和交付出去；

③产品持续的优势和核心价值是什么，为了应对明天的竞争，应该持续打磨什么价值。

在获取价值环节，我们要关注的内容包括以下三个方面。

①成本结构是怎样的，钱花在哪些方面；

②如何定价，企业的收入来自哪里；

③衡量价值收获的关键指标有哪些。

当我们了解什么是商业模式后，下一步需要思考的问题是，如何让企业找到最好的商业模式。在商业模式的创新过程中，我们观察过上千家企业，发现最高效的商业模式创新，往往不是来自从0到1的创新，而是来自跨界的模式创新和借鉴。要思考如何把其他企业优秀的商业模式拿来借鉴，运用到我们自己的行业和企业中，因为这样的创新是被实践检验过的，更具可操作性，更易成功。这样的方法已经被众多企业所采用，并取得了成功。

正因为如此，我们团队经过长时间的研究和总结，将来自全球一百家卓越企业的40种优秀商业模式一一列出。你可以从中找到成功的影子，进而发现属于你的武器和方法。让我们开始学习吧。

第一篇

盈利突破篇

CHAPTER 1

1 免费增值模式：
先获取用户基数再赚钱的方法

因为平时工作的需要，我经常会写一些文字，我希望写文字的时候，不一定非要使用 Word 文档，而是可以选择在线协作平台，这样我就可以跟我的同事同步进行工作。比如说我经常使用的一个在线文档软件叫作石墨文档。石墨文档比较简洁，可以让我随时随地地写文字，而且可以使我在家和办公室的工作实现无缝衔接，在手机和电脑上也可以随意切换。

我从开始使用这个产品到现在，一直感觉非常便利。但是慢慢地我发现，当我越来越多地使用这个产品的时候，我的需求也越来越多。我需要跟更多的同事在石墨文档上协作，或者我在上传一些图片和文件的时候，需要更多的内存空间。这个时候我对石墨文档的需求，就从最初的免费需求，到了收费专业版的需求。除专业版外，如果你需要跟更多的人协作，还会用到企业版。

在使用这个产品的过程中，最初你是免费使用的，你可以使用它的基础功能，非常便利。但是当你有更多个性化的需求、更多要求的时候，就需要支付相应的费用，才能获取更多的产品功能。在这个时候，作为用户来说，我是很乐意接受的。因为我已经付出很高的沉没成本了，没有办法离开这个产品了，所以支付的过程就显得更加顺畅。这个商业模式就叫作免费增值模式。

免费增值这个商业模式在互联网和软件行业屡见不鲜。比如百度云盘，可能一开始会送你几个 G 的空间，但是当你需要更多云盘空间的时候，对不起，你就需要付费了。再如，你使用网易云音乐时，可以听一部分你喜欢的音乐，但是当你想听更多的音乐，或者需要下载一些音乐、要求更高音乐品质的时候，你就需要加入网易云音乐一个叫作"黑胶 Vip"的计划。你付了钱，就可以获得前面所说的更多权益。免费增值模式如图 1-1 所示。

图 1-1 免费增值模式

在今天的全球互联网时代，这个模式其实被应用在很多产品中，它的主要特点是，一开始给用户提供一个免费的基础版本，当用户逐渐使用习惯、需要一些个性化需求或者更多功能的时候，用户就要为此支付一定的费用。

这个模式的好处有以下三点。

第一，可以很快获取大量用户，因为初期是免费的。这个模式对于很多新产品来说是非常有意义的，因为用户一开始不知道产品是做什么的，功能是什么，只有让用户免费使用，用户才愿意尝试。所以对于免费增值模式，这是非常重要的一点。

第二，用户在不断使用产品的过程中，已经对其形成了依赖性，用户黏性变得非常高，换句话说他已经被"绑架"了，这个时候再用一些收费项目让他支付费用，就显得理所应当或者顺理成章了。

第三，新产品上市的过程，同时也是对产品的功能不断优化的过程。早期用户在免费使用产品的过程中，可能会遇到一些 bug（漏洞），但由于是免费使用，所以用户不会有强烈的反感或者投诉意向，而且在使用过程中会不断地反馈一些感想或者遇到的问题。这对于产品的开发人员或者企业来说，是非常好的产品改进过程。这都是免费增值业务模式带来的好处。

免费增值模式的使用范围非常广。比如游戏行业大多也使用免费增值的商业模式。你在开始玩这个游戏的时候，收费和不收费可能没什么差别，不交费用照样可以玩。但是如果你想玩更高的等级，想换皮肤，想要更多武器的时候，就要支付一定的费用。

正是这个商业模式，使王者荣耀这样的游戏获得超过千亿的年收入。王者荣耀可以免费下载和使用，即使不花钱也可以有非常不错的游戏体验。在游戏里，金币和钻石可以靠积累经验值得到，用这些金币或钻石可以去买英雄、皮肤等。但是有一些比较高级、设计更精美的商品就只能充值购买，也就是说，如果玩家想要追求更完美的游戏体验，那就得花钱了。2019年，王者荣耀的全球用户已经接近3亿，几乎占据了手游市场一半的市场份额，是全球最赚钱的手游。

除王者荣耀外，LinkedIn也是一家靠免费增值模式获得成功的互联网公司。LinkedIn是一个全球职业社交平台，它为全世界的职场人士提供了一个展示自己职业轨迹、进行职场社交的平台，但它只免费提供最基础的服务，如发布自己的职业轨迹、职业技能和经验，将自己展示给其他职场人士和各种公司，打造个人品牌等；也可以与自己感兴趣的职场人士进行交流，认识更多的人；还可以从专业人士那里了解真实的职场、行业信息。

LinkedIn是拒绝在网页上投放广告的，它致力于成为一个专业、简洁、高效的平台，这就极大地获得了其目标用户——职场人士的青睐。LinkedIn单就其免费功能来说就已经非常好用了，它帮助众多职场人士建立了深度链接。依靠这些免费功能，LinkedIn已经覆盖了200多个国家和地区，用户数量超过 5 亿，80% 的用户认为它在自己的职业道路上起到了极为关键的作用。

但是，如果想要享用它更多的功能，那就必须开通付费的高级账户了。在依靠免费功能吸引一大批黏性用户后，LinkedIn 的付费功能变得更有市场，约 20% 的顾客购买了它的付费服务。如果拥有高级账户，就可以享受 LinkedIn 提供的商业化解决方案、人才解决方案、营销解决方案、收购方案，以及与合作伙伴关系方案等。

除互联网行业之外，很多线下企业在运作的过程中，也在应用这种免费增值的商业模式。

比如，在很早以前，整个西湖景区是圈起来的，进入西湖景区参观，就要付费。但是 2002 年以后，西湖景区的围墙被全部拆除，游客可以免费进入西湖景区。但是景区中的一个个项目需要单独收费，如果你想进一步参观或者游览，就要支付一定的费用。就是这样的方式吸引了越来越多的人进入西湖景区，而西湖景区的收入也因此大幅增加。

免费增值模式已经在很大范围的企业中得到了应用。如果你的企业或你做的事情想要采用免费增值模式的话，我想请你思考这样三个问题。

第一，你的产品能否设计一个基础版本，免费开放给用户使用，而且这个基础版本要确保基本的功能都有？

第二，在这个版本之上，还要对用户进行分层。对于重度用户，可以设计哪些更加个性化、更加有效和复杂的功能给他们使用？这些差异化功能就是我们可以定价和收费的内容。

第三，在免费增值模式运用的过程中，你要不断地关注这些数据，比如什么样的用户愿意尝试使用你的产品，什么样的用户从免费用户变成了付费用户，是什么样的行为促使他们做出了付费的动作。

从这些关键的数据背后发现有价值的信息，从而推动产品不断地往良性方向发展，这就是免费增值模式给我们带来的启发。

2 负现金流循环模式：
如何提升公司估值，而不只是增加利润？

请你思考这样一个问题，如果你所处的行业是一个利润率相对较低的行业，但是业务中又含有大量的交易，对于这种行业，我们怎样从中获取丰厚的利润？

传统的零售业应该就是这样的行业。它们的利润率相对较低，但是每天有大量的交易，在这个过程中隐含着一个商业模式，就是我们这一节要说的负现金流循环模式，如图1-2所示。

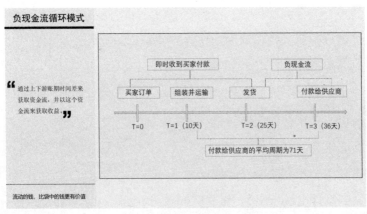

图1-2 负现金循环模式

在现金流的流动过程中，我们可以发现一个非常有意思的特点。消费者在购买商品的时候,他们会在第一时间把现金付给商家,如家乐福或者沃尔玛这样的超市。而在另一端,这些超市与它们的品牌供应商之间的支付条款中规定了一个账期,这个账期有的是十天,有的是一个月,有的甚至是2~3个月,在这个过程中,这些现金流就沉淀下来了,而这些现金流能够产生非常大的价值,这就是负现金流循环模式。

我们再看另外一个例子。亚马逊公司的利润其实并不高,但是它的估值或者市值却很高,它的PE(市盈率)甚至达到了其利润的180倍之多,超过非常多的大型科技公司或者互联网公司,包括Google、Facebook(脸书)等,这是为什么呢?这正是亚马逊公司有非常多自由现金流的结果。很早之前,亚马逊创始人贝佐斯在他致股东的信中就提到,他们要创造巨大的自由现金流。所谓自由现金流就是在企业经营中产生的现金流,而这些现金流在不影响公司持续发展的前提下,可以分配给企业资本的供应者,也就是说,这些现金流是可以分配给股东的现金流。

一个企业的估值通常来自其现金流未来折现后的价值,所以当一家公司拥有非常多自由现金流的时候,它的估值就会非常高,而且它可以把这些现金投入更多新产品的升级或研发中。亚马逊在它的发展过程中,从最早开设的亚马逊网站到设计出Kindle,再到后期的AWS(亚马逊云计算服务),以及开设线下零售店,都是因为拥有充足的现金流,得以进行一系列的产品投入和研发而取得成功的。

从另一个角度来说，在这些行业中，自由现金流的价值要比企业利润本身更重要。除亚马逊之外，国内的一些互联网巨头，从它们的财务报表中可以看出，其公司内部也隐含了巨大的自由现金流。

从阿里巴巴和腾讯的财报中可以看出，截止到 2019 年，腾讯的净利润是 933 亿，而自由现金流达 1162 亿；阿里巴巴的自由现金流是 993 亿。它们的自由现金流金额比利润还要高，所以它们有更多的资金去投资，也可以获得更高的估值。经常有人质疑京东的利润一直不高，为什么估值却这么高，这也正是自由现金流发挥了作用。

负现金流循环模式给我们的启示在于，在企业的经营过程中，关注可支配的现金流是让企业持续发展的重要因素。如果你的商业模式或者财务规划能让你获取更多的自由现金流，你的企业一定会发展得越来越好，公司的估值也会越来越高。

3 隐性收入模式：
如何通过隐蔽的盈利方式赚钱？

若干年前，在智能手机还没有普及的时候，很多人在上班乘坐地铁时喜欢阅读报纸。当时有一家公司，每天早上在地铁站里为乘客免费提供报纸。这些报纸都是当天的日报，刊载了当天一些有价值的信息或新闻。用户只要乘坐地铁，就可以免费取阅报纸。报纸每天的派发量非常大，大概有上百万份。很多人好奇为什么这家企业免费给用户派发报纸，难道它的老板是在学雷锋吗？

免费派发报纸的企业，这不是第一家。很早以前，在国外有一份报纸叫作《国际地铁报》，其公司也是免费派发报纸。这家公司1995年成立于斯德哥尔摩，目前在全球20多个国家发行不同版本的报纸，覆盖人群超过了3500万。为什么这些企业可以免费派发报纸？难道它们是慈善机构？难道它们的行为不求回报？其实不然。

在这个过程中，用户虽然免费获得了报纸，不用付钱就可以阅读信息，但是在报纸的背后有企业大量的商业行为，它们通过这张报纸传递给用户商业信息。正是这些商业机构在为这张报纸买单。

这就是隐性收入模式，它打破了单纯依靠产品或服务获取收益的销售逻辑。这些公司的收入主要来自第三方，用第三方的资金，来补贴为消费者提供免费或者低价产品的费用。这就是隐性收入模式的特点。表面上看好像没有收入，但其实背后自然有人为其提供收入。

这就是在互联网早期大家经常说的一种收入方式，即"羊毛出在猪身上"。当然在互联网行业，这个模式体现得更明显，像新浪微博、百度，以及国外的Facebook、Google等公司，它们的主要收入来源不是用户，而是商家和广告主。隐性收入模式如图1-3所示。当然今天的这些互联网企业通过大数据或者标签分析，对用户的定位更加精准，所以这些公司在推送给用户信息时，可以让用户成为更有效、更有价值的受众。

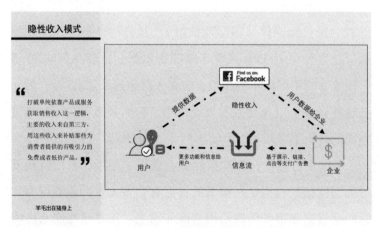

图1-3　隐性收入模式

我们来看 Facebook 的收入来源。2019 年，Facebook 的年营业收入为 707 亿美元，收入增速为 27%。其收入来源主要有三个方面，即广告收入、第三方应用分成和游戏分成。

先说第二种。由于 Facebook 平台很大，且是全球首创做开放平台的企业，有很多应用开发商会给 Facebook 开发应用，那些从顾客付费使用的应用中得来的收入由应用开发商和 Facebook 分成。

第三种收入来源——游戏，其实是一种特殊的应用，占 Facebook 用户消费份额的最大比例。用户在 Facebook 上玩游戏时如需要购买货币，得购买 Facebook 的虚拟货币"Credits"。这两种收入来源都是和用户付费相关的，也是用户能直观感受到的 Facebook 的盈利方式。最近 Facebook 又计划发行自己的虚拟货币"Libra"。

但是 Facebook 占比最大的收入来源其实一直是隐性的广告收入。这部分与用户没有直接关系，并不需要网站用户花钱，但是免费使用网站的用户给网站带来了流量，凭借这些流量，Facebook 吸引了广告投放。这个巨大的收入来源隐藏在用户看不见的地方。

Facebook 会向每个用户的网页投放广告，这样的广告受众广、效果好，非常昂贵但也非常受欢迎。而且，Facebook 仍持续在广告上下功夫。近年来，Facebook 加大投入用于增强广告的精准匹配度、升级现有的广告投放。作为一个超大型社交平台，凭借多年的累积，Facebook 已经掌握世界各大洲九亿用户的年龄、性别、职业、性格爱好、社交圈子等信息，利用这些信息进行大数据分析，可以做到更精准、有针对性地投放广告，这是其他广告平台很难做到的，所以很多品牌都愿意在 Facebook 上打广告。

2019年 Facebook 的广告收入达 696 亿美元，占其总收入的 98.5%。从数据上看，广告收入在 Facebook 总收入中的比例是压倒性的，且每年递增。

对互联网公司而言，广告收入是占比很高的核心收入来源，如腾讯视频、爱奇艺等众多的在线视频平台等，都是靠高额广告费赚钱的。

采用隐性收入模式的还有一个很著名的例子，即德国的"厕所大王"。德国的公共服务设施走的是市场化路线，不是由政府建设维护，而是外包给德国的企业，让它们竞标，负责公共设施的建设、经营、维护等，自负盈亏。30年前，柏林的公共厕所开放竞标，一个叫瓦尔的公司一口气包下了德国所有的公共厕所，并承诺免费对市民开放。

当时人们很不解，觉得瓦尔公司的董事长汉斯·瓦尔是个疯子，因为柏林的公共厕所数量很多，不收费的话一年亏损可能会达到上百万。但是瓦尔还是义无反顾地承包了厕所。由于他免费开放的承诺，德国政府也只收了他较低的管理费。

当大家都不知道瓦尔要靠什么来防止亏损时，瓦尔却年赚 3000 万欧元，让所有人大跌眼镜。原来，瓦尔公司是靠投放在公共厕所上的广告创造营收的。市民确实享受着瓦尔提供的免费服务，用公共厕所时没花一分钱，却没意识到厕所里的广告竟然可以带来这么多收入。这就是瓦尔公司背后的隐性收入。

德国的公共厕所数量很多，能够在厕所中投放的广告数量也是极多的。而且闹市中的厕所数量相对更多，比如说人流量很大的道路旁的公厕，它外墙上的广告受众非常多，宣传效果非常好。值得一提的是，瓦尔公司把厕所里的广告业务做到了极致——由于德国人有边上厕所边阅读的习惯，瓦尔公司就把广告印在了卫生纸上。它还在卫生间安装了公共电话，凭借此项业务向通信运营商收取一定提成。此外，瓦尔公司甚至与附近的餐厅合作，在厕所内可以拿到这些餐厅的优惠券，于是他又可以向餐厅收取提成。

市民们看似免费使用着瓦尔公司的厕所，并没有和瓦尔公司产生交易，但是瓦尔公司却利用这些公厕产生的人流量，创造了很多隐性收入，很好地运用了隐性收入模式。这就是隐性收入模式背后的逻辑。但这个模式也被一些不良的商家所利用。

过去几年，有些旅行社打着便宜的旗号，如500元云南双人飞3日游，还住四星级酒店，很多人因为便宜，就报了名。但是我们用正常的商业逻辑思考一下，500元双人飞3日游，500元连单程的机票钱都不够。旅行社到底靠什么赚钱呢？

其实它获得收入的来源就是游客。游客到了当地以后，可能会参观某些景点，更重要的是，可能会去一些商店购物，导游和旅游公司通过收取人头费，或者通过交易抽成的方式弥补之前对用户收取的低廉旅游费用。导游和游客在购物方面经常会发生冲突，就是因为引导游客购物才是许多导游真正的收入来源。

这种方式正是借助了隐性收入模式，让第三方为服务买单。使用隐性收入模式需要思考的是，在你的收入来源中，在价值链或者已有的生态链中，有没有其他的互补企业或者商业机构可以帮你完成整个商业行为？你的收入可能不是直接来自你的客户，而是来自你的利益相关方或者你的合作伙伴，因为你的客户也为他们带去了丰厚的利润。

当然，在使用这种隐性收入模式的过程中，还存在一些道德层面的因素，比如 Facebook 在使用这种隐性收入模式的同时还获取了用户的隐私。而公司根据用户的隐私和收发的消息等数据进行分析，来判断他们的购买习惯或购物倾向，然后把这些信息转卖给广告主。但这种行为可能会带来一些不良影响。

在今天大家对个人隐私更加重视的环境下，这个商业模式也渐渐遇到了挑战。所以在使用这个模式的过程中一定要注意它的道德边界，这样才能真正长远而持久地发挥它的价值。

4 统一付费模式：
提升产品性价比的方法

首先请你思考这样一个问题：如果你所处的行业产品边际成本很低，你如何通过这一特点去获取更多的用户和更多的收入？我们首先来看这样一个例子。

美国一家流媒体公司叫作 Netflix，它制作的电视节目也许大家都耳熟能详，比如非常著名的电视系列剧《纸牌屋》。Netflix 最早是以出租 DVD 起家的，通过向人们出租 DVD 来获取每一单的收入，用这样的方式赚取了足够的利润。

但是 Netflix 公司发现用户的增长非常缓慢，所以后期调整了商业模式。模式调整后，用户不需要为每次租它的 DVD 而付费，只需要每年付 7.99 元的年费，就可以随便观看在 Netflix 平台上超过 10 万部的电影。这一改变让 Netflix 的用户数量大量增加。截至 2020 年第一季度，Netflix 在全球的用户数量达到 1.83 亿。

这个商业模式的诞生，给 Netflix，以及其他很多类似的公司带来了更大的价值。这个商业模式就是统一付费模式。

统一付费是指用户只要支付一次性的费用，就可以享受某产品提供的全部内容。除 Netflix 之外，我们在其他行业也见过这样的例子。对于用户来说，一次性支付较低的费用就可以享用更多的产品或服务；对于企业来说，一方面因为边际成本降低，收入很可观，另一方面因为这一过程增加了与用户的互动，也获得了更强的用户黏性，这就为产品或服务被更多地使用和消费带来了可能。

在生活中，我们经常会使用这种统一付费的商业模式。一个比较明显的例子就是自助餐，我们支付一定的费用，可以享受更多的食物。在这个过程中，用户从心理上就会觉得性价比比较高。

对于自助餐企业来说，这个模式的好处有以下三个方面。

第一，它同时解决了大规模和个性化的问题。用户有个性化的需求，如何用标准化的方式来满足这种个性化的需求呢？这个模式就是一个很好的尝试。

第二，这种统一提供餐食的方式能够提高翻台率（餐桌重复使用率）。

第三，自助式的服务免去了点餐和传菜的过程，无疑节约了更多的服务人员，这对于企业来说成本也大大降低。

这个模式相当于让顾客毫无限制地随便吃，且不设上限，那么会不会导致餐厅亏本呢？其实对于自助餐厅来说，如果那些超出平均消费、吃得很多的顾客带来的亏损能够被那些较为保守、吃得较少的顾客带来的利润抵消，那么餐厅的盈利也是很可观的，这也适用于其他类型的自助服务公司。

统一付费模式其实很多领域都在使用，包括这几年非常火的知识付费领域。比如,"得到"会员只需支付 99 元,一位老师讲解的各种知识就能听 365 天。这给用户带来了极大的优越感和高性价比的心理感受。包括喜马拉雅、知乎等平台也在使用统一付费的商业模式。统一付费模式如图 1-4 所示。

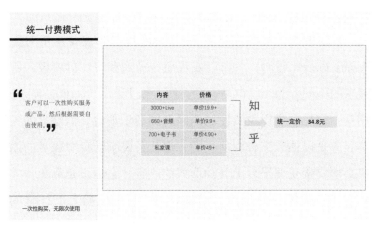

图 1-4 统一付费模式

知乎也推出了知乎会员的业务。只要支付 258 元,就可以一次性收看知乎平台的知乎 live、知乎的很多电子书,以及收听知乎思想课。这对于许多用户来说无疑是一个非常便利的事情。同时,对于知乎来说,它提前锁定了这些用户,而且通过这样的方式一次性地把现金流收拢回来,这样公司的财务表现也非常好。

在音乐软件行业,苹果公司的 Apple Music 也是采用统一付费模式并获得成功的例子。Apple Music 一直坚持采用付费模式,从2015年9月开始,苹果公司的音乐、图书及电影等流媒体服务进驻中国,开始打造苹果公司娱乐内容生态系统。苹果公司对中国顾客采取了这样的收费方式——普通用户每月支付10元、学生用户每月支付5元,就可以自由畅听全球5000万首正版歌曲。到2019年,Apple Music拥有了超过6000万的订阅用户。

有趣的是,当我们将Apple Music和它的主要竞争对手Spotify进行比较时,就可以发现免费模式和统一付费模式所带来的不同。Spotify也是一个在线音乐平台,与Apple Music相反,它是一个以免费使用而闻名的音乐平台,但是它的免费服务是以插入广告为前提的,也就是说享受免费服务的用户必须要接受该平台上各种形式的广告。它也正是靠免费才具有了业界第一的规模。到2019年,Spotify拥有1.24亿的高级用户。Apple Music和Spotify所采用的策略几乎是完全不同的,这可以给我们带来很多的思考。

Apple Music的主要负责人吉米·罗维尼(Jimmy Lovine)曾在一次美国音乐杂志 *Billboard* 的采访中表达过一些关于统一付费模式的观点。与大多数人想象的不同,他承认免费模式能够带来很大的流量,也能大大降低运营难度,但是Apple Music还是一直坚持统一付费模式,因为付费订阅才能真正地赚钱,而且能够给音乐平台上的音乐人带去收益。很多数据证明罗维尼说的是对的。数据公司的调查研究显示,在市场上的免费音乐平台和以付费为主的音乐平台中,前者每首歌分给音乐人的收益远远不及后者。因此，付费音乐平台能够得到更多音乐人的青睐，获得更多的音乐版权。

统一付费模式除上述优点之外，还有一点就是平台在用户心中保持了独特的定位。首先，苹果公司树立起了保护音乐版权的形象，可以引起音乐人的共鸣，也得到了尊重版权、重视版权人群的追捧，这也非常符合苹果公司特立独行的风格。用户因为持有和苹果公司相同的态度而选择 Apple Music，也在一定程度上促使苹果公司拥有了高黏性的粉丝群。

此外，统一付费还相当于一道门槛，把只满足于免费产品的客户排除在外，让不满足于免费服务的用户进来，而这些用户有很大可能会成为 Apple Music 的忠实用户。

同时，Apple Music 的用户还可以和苹果公司本身的大型生态体系结合在一起。在 Apple Music 上成为付费会员后，用户必然会高频率地使用 Apple Music 平台，并且减少其他平台的使用。这样一来，苹果就成功地帮用户形成了消费习惯，提高了顾客黏性。总的来看，Apple Music 已经结合自己的众多内外特点，走出了一条统一付费模式之路。

如果你想在企业中采取统一付费模式，你要考虑以下两点。

第一，你的产品的边际成本是否逐渐降低？比如说你增加了更多的产品，但是你的成本并没有大规模地增加。互联网时代，这种现象是非常多的。

第二，对于用户来说，产品对他的效用是逐渐递减的。

比如说，用户吃的第一块披萨和第二块披萨，对他的效用是完全不同的。他对第二块披萨的需求相比于第一块披萨是在降低的。这种情况下就可以采取统一付费的模式。

这个模式的好处在于：第一，用户会觉得这是一个性价比很高的消费行为；第二，企业获取了比较可观的现金流，又能确保用户的黏性保持得更好。

5 差异化定价模式：
如何将同样的产品卖出更高的价格？

大家经常会发现一种现象，比如同样一罐可乐，在超市里卖，它的标价是3元；如果在机场或者火车站卖，这罐可乐的价格可能是10元；如果在五星级酒店房间的小冰箱里卖，它的价格可能就变成了30元。为什么同样一罐可乐，价格却如此不同呢？

原因就在于差异化定价模式。差异化定价在我们的生活场景中经常会看到。因为不同的人对于同样一件商品的价值认知是不同的，我们可以利用人们对商品价值认知的差异，对价格进行差异化调整，以此来获得商品的溢价，为企业获取更多的利润。差异化定价模式如图1-5所示。

再以亚马逊为例。亚马逊作为一个超级电商企业，它能够做到"千人千面"，每一个人在亚马逊网站上看到的商品页面，甚至价格都是不同的。为了提高主营产品的盈利，运营者在2000年9月中旬曾经做过这样一次测试。他们选择了68种DVD碟片进行动态定价试验。在这个试验中，亚马逊根据潜在客户的人数统计资料、在亚马逊的所有购物历史、上网行为以及上网使用的软件系统来确定他们对这68种碟片的报价。

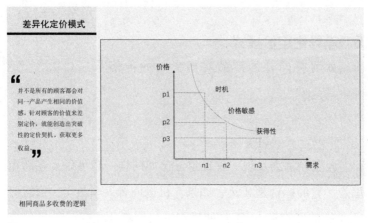

图1-5 差异化定价模式

例如，有一款DVD产品的名字叫作《泰特斯》，它有两种完全不同的定价。新顾客第一次看到DVD的价格是22美元，而那些对这个碟片表示出兴趣的老顾客，看到的标价则是26.24美元。通过这样的定价策略，部分客户付出了比其他顾客更高的价格，亚马逊也因此提高了销售的毛利率。

对于一家企业来说，通常可以在哪些场景中使用差异化定价模式呢？一般来说有三个条件。

第一个条件是商品对销售时间点有要求。最明显的例子就是机票。你在出发前一个月买机票，和你在出发前一天买机票，两种价格的差距是非常大的。这是根据商品的时间要求来进行差异化定价。

第二个条件是商品的可得性不同。所谓商品的可得性就是你获取这个商品是否容易。例如，你在超市里获取可乐或者其他替代品的方式非常简单,所以商品可以保持比较低的价格。到了机场,你获得同样商品的可能性降低了,商品的价格就增高了。而你深夜在五星级酒店获得同样商品的可能性也许是唯一的,所以它的价格就更高了。这是通过商品的可得性来获取差异性定价。

我们再看零售商店。为什么同样的商品在便利店的价格要比普通超市的贵?这是因为便利店可能是 24 小时营业,能确保你在深夜 12 点在其他地方买不到商品的时候,在这家店铺买到,这也是可以进行差异性定价,获得产品溢价的一个场景。

第三个条件是用户对商品的价值认知不同。不同的用户对于同一款商品的价格敏感度是不同的,正因为如此,很多商家就据此进行差异化定价。

我曾听过这样的说法:如果使用不同品牌或型号的手机在打车软件上打车,相同距离的定价是不同的。如果你用的是 iPhone 手机,这段路程的标价可能是 20 元;如果你用的是安卓手机,或者是一个小品牌手机,同样路程的标价可能是 16 元或 17 元。因为在大多数情况下,使用不同品牌手机的人,他们的收入情况是不同的,所以他们的价格敏感度也是不同的。除打车软件之外,在一些在线订酒店的软件上,如果你使用不同型号的手机订,可能显示的价格也是不同的。

此外,很多技术性行业也可以根据技术层次的差别来进行差异化定价。例如,美容院里的高级美容师、普通美容师和学徒是有不同的服务价格的，理发店里的理发师也分为发型总监、首席理发师、普通理发师等，价格从高到低有一定的梯度。除以上行业之外，厨师、律师、会计等行业都可以采用差异化定价的商业模式。

技术行业采用差异化定价模式，可以得到双重好处。一方面这个模式可以给予顾客多样性的选择，兼顾不同顾客的消费水平和服务需求；另一方面也彰显了经营者的品质和服务，实际上也是同行之间展开差异化竞争、提高营业额的关键所在。

一些游乐场的收费项目也是按照这样的模式进行定价的，这在我们的生活中十分常见。例如，单个项目收费一般为30~80元，5个项目的套票可能是120元，而可以玩遍整个游乐场的通票则可能卖398元，通票再加餐饮可能是498元，顾客可以根据自己的需要自行搭配。

除此之外，生活中这种把产品分为三六九等的差异化定价模式随处可见。例如，销售的苹果按直径的不同被分为70毫米的、80毫米的、90毫米的，不同直径的苹果售价是不一样的。就连卖瓜子的摊主，也把瓜子按照个头的大小进行不同的定价。

差异化定价模式给我们的启示在于，如果你的商品存在品质上的差异，你就可以通过这种方式获取更高的收入，这对你的利润增长是有帮助的。但是，如果在条件相同的情况下，人为地制造价格上的差异，这就有价格欺骗之嫌了，这种做法是值得我们警惕的。

6 闪电扩张模式：
快速抢占市场和客户的策略

对于一些创新业务模式来说，在业务创立的早期，需要做的一件事情就是培养用户的消费习惯，让用户愿意尝试和使用这个创新产品或服务。但这种消费习惯的培养往往是需要付出成本的。这就是许多业务，特别是移动互联网业务出现的时候，企业为用户提供大量补贴的"烧钱"行为的原因。

这种烧钱行为会带来两个方面的作用：一方面，通过补贴，让用户尝试使用企业的创新产品或服务，比如支付宝支付和微信支付在前期推广时的红包补贴、银行的办信用卡送礼品等活动，都是为了达到这一目的。另一方面，企业可以通过这种"烧钱"行为"清扫战场"，让竞争对手尽快出局，以达到垄断市场、占据领导地位的作用。这种企业和其背后的投资机构联合起来进行快速扩张的商业模式，就是闪电扩张模式，如图1-6所示。

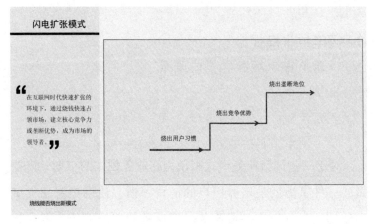

图 1-6　闪电扩张模式

其实在"烧钱"这件事情上,最值得记录的是发生在共享出行领域的市场争夺战。

2012年那场共享出行软件大战,最后只剩下滴滴和快的两家龙头企业,谁也吃不掉谁。在它们背后其实是腾讯和阿里的竞争。这两家公司除抢夺出行领域的领军地位之外,还在考虑如何将它们的移动支付快速地推出去。为了培养人们的使用习惯,这两家公司也是投入了巨资。据说当时双方为了抢夺市场,给出的补贴每天达2000万到3000万人民币。

巨额补贴的支持似乎成了许多互联网公司早期发展的必经之路。比如电商领域的京东,它成立初期的很多年一直没有盈利,但是它投资和融资的金额都是相当大的。

京东创始人刘强东非常相信规模会带来效益。在京东创始之初,刘强东宁愿用亏本来换取更多品类的商品、更大规模的平台和更快速度的物流,这和他做零售的经历有关。京东成立之初,刘强东一直在寻找合适的投资人,靠这些投资人的支持不断地以极快的速度融资扩张。京东每年都在融资,有了投资人雄厚的资金,从 2007 年到 2010 年,京东的销售额大约每年翻三倍,增速远高于行业中其他竞争对手。

这一扩张速度是史无前例的,这意味着在其他电商网站如亚马逊、淘宝、当当等开始注意平衡盈亏、开始精打细算的时候,京东不但没有减慢或停止这种疯狂的增速,反而愈加毫无顾忌地扩大规模、扩张业务线。其他的很多指标、数字,在刘强东的眼里全都没有那么重要,最重要的是全方位地扩张。

就拿京东的品类扩张来说,其依靠巨额融资,在各个领域的品类扩张都显得极具侵略性。如图书业,从一开始进入图书业,它就与当当、卓越亚马逊这些老牌图书电商进行了全方位的较量,甚至发起了价格战。在奢侈品这一块,京东和凡客诚品、走秀网等网站抢饭碗,推出了一个独立的奢侈品 B2C(企业对客户)网站。

在物流建设方面,京东的野心也非常大。刘强东在各种闲言碎语的包围下,顶着压力想要开创一条自建物流的电商道路。从 2007 年开始,刘强东利用雄厚的融资编织了中小件、大件、B2B(企业对企业)、众包、冷链和跨境六张物流网,各方面也在一刻不停地更新迭代,包括仓库、配送站、配送员和分拣中心等。2010 年,京东的"211"限时达已经快于全球的绝大多数电商，京东的用户享受到了上午 11 点前下单，当天送达；晚上 11 点前下单，第二天下午 3 点前送达的服务。京东物流还推出了各种以"快"为核心的配送项目，如"夜间配""京准达""极速达""移动仓"等，让速度从不同的方面、对准不同的需求进一步提升。不用说，这全都建立在京东大额的融资上。京东把巨大的资金投入物流体系中，并称之为"亚洲一号"。

闪电扩张模式就是通过快速融资、快速烧钱，从而快速占领市场，但这个方式其实也是一个值得商榷的商业模式。我们要考虑是否应该烧钱，烧钱能否达到我们想要的效果。

要想采用闪电扩张模式，必须注意以下几点。

第一点，通过烧钱的方式能否培养用户的消费习惯。你的产品或者服务过去用户是不接受的，或者是不了解的，你要通过补贴的方式让他接受这些新鲜事物，让用户感受、了解直至接受和依赖你的新产品。

第二点，能否通过烧钱的方式快速地清理战场，把其他的竞争对手赶出战场，形成市场垄断。这也是滴滴打车当年所做的。它在跟快的完成合并之后，后来也收购了 Uber（优步），把 Uber 赶出了中国市场，成为网约车平台的霸主。

第三点，能否通过烧钱的方式建立自己的垄断地位，为以后的竞争打下基础。烧钱一定要烧得有价值，而且烧钱也并不一定能够烧出我们所期望的状态。

滴滴就是闪电扩张模式的典型例子。在刚创立时，凭借各路融资，滴滴在扩张时无论是城市的选择还是城市内的布局，都有着融资少的企业所没有的底气。较好的融资金额支撑了滴滴获得更好的运营数字，而这也给滴滴带来了更多的机会。

在快速扩张发展、扫清对手之后，滴滴更是凭借越来越多的融资加快扩张规模，不但在业务领域有所扩张，甚至想将触角伸到国外，做一个国际化的"巨无霸"企业。滴滴现在所涉及的领域包括智慧交通、无人驾驶、电商、游戏、广告和众多金融产品等。从 2015 年开始，滴滴入股了美国打车软件 Lyft、东南亚的打车软件 Grab、巴西的 99、印度的 Ola，还计划进驻墨西哥。在庞大的融资金额支撑下，滴滴已经扩张到巨大的规模，称霸线上打车领域。

在互联网的发展历史上，也有很多巨额烧钱却并没有达到预期效果的案例，比如早期的团购。在团购火热的那些年里也有巨额投资进入，但是并没有形成有价值的企业，虽然今天美团依然存在，可它与早期的团购形态已经完全不一样了。团购这个商业模式本身是存在瑕疵的，巨额烧钱也没有给商家或者个体带来有效的价值。

说到烧钱，大家一定也会想起共享单车的例子——摩拜和 ofo。摩拜和 ofo 这两家共享单车企业也是投入了巨资，但是最终没有达到滴滴所呈现的那种状态。这其中有着各种各样的原因，一方面是其业务本身的刚性需求强度决定的，另一方面是背后的资本力量决定的。在滴滴和快的的发展过程中，滴滴和快的的投资人最终达成一致，形成滴滴的垄断地位，但是在摩拜和 ofo 的这场竞争中，背后资本的力量或者创始人的力量让这两家企业很难达成一致，无法形成一个统一或者唯一的国内品牌，这就让两家公司形成了全面的竞争，最后没有烧出应有的价值。

这个商业模式在本质上需要我们进行一些商榷和探讨，在某些领域它不失为一个非常有效的方法，因为它能够帮我们达到前面强调的三点，即第一能更快地培养用户的消费习惯，第二能快速形成垄断地位，第三能建立一些竞争垄断优势。如果烧钱能够达到这三个目的，我相信你烧的钱是有价值的；如果不能，请你再慎重考虑一下。

第二篇

顾客心智篇

CHAPTER 2

7 忠诚度奖励模式：
如何让客户成为你的死忠粉？

在当下的生活中，我想每个人都已深切地感受到流量红利越来越少了。许多企业在过去的十几年经历了互联网大改革、市场化流量红利的时代，但是互联网经济发展到今天，流量越来越稀缺，新增的市场空间也在逐渐缩减。在这样一个阶段，我们将如何获得更多的用户收益和价值，推动企业持续发展呢？

今天我们要思考的一个问题就是如何获取用户的终身价值。终身价值中包含一个非常重要的概念叫作客户的忠诚度。客户的忠诚度之所以重要，是因为企业获取一个新客户要花的成本，是老客户花费成本的三倍之多；而在一个老客户身上获得的收益，却是新客户的八倍之多。因此，对于企业来说，要思考的问题在于，怎样从老客户身上获得更多的收益。这就是我们要学习的一个模式：忠诚度奖励模式，如图2-1所示。

图 2-1 忠诚度奖励模式

提到忠诚度奖励模式,使用最多的行业应该是航空业、移动通信业,以及零售业等行业。我们来看航空业的例子。如果你经常坐飞机,你一定了解,每一家航空公司都有他们所谓的常旅客计划,比如国航的联盟计划。这种常旅客计划会为企业带来什么价值呢?

如果你经常乘坐国航的航班,首先,国航会给你更多的里程奖励,通过这些里程奖励,你可以在以后出行时换取你需要的机票。其次,你拥有越多的飞行里程,就会拥有越高的等级,不同等级的乘客会享受不同的待遇,比如可以进入机场贵宾室休息、优先升舱等,这些特殊的权益就是航空公司的常旅客计划所提供的,这也是忠诚度奖励计划的核心内容。航空公司通过忠诚度奖励计划,给予客户更多的激励,乘客也获得了实实在在的好处。

同时，航空公司可以通过忠诚度奖励模式牢牢地把握住客户。因为如果客户换成其他航空公司的航班，却没有相应的里程，就没有办法享受相应的权益。国航通过这个方式，设立了非常高的转换门槛，让客户很难转到竞争对手那里去。这就是常旅客计划带来的价值。

常旅客计划的另一个价值是，航空公司在不断跟客户进行互动的过程中获取了大量的客户信息，可以为客户提供更加有针对性的产品或服务。比如更了解客户喜欢乘夜班机还是乘早班机；喜欢坐靠窗的位置，还是坐靠走廊的位置等，通过这些更加个性化的产品或服务把客户牢牢地抓住，这就是忠诚度奖励模式的特点。

在今天的市场环境中，忠诚度奖励模式对于挽留老客户、提高用户黏性是非常有帮助的。一个高忠诚度的客户不但会经常使用或者购买你的产品或服务，而且会向他身边的人推荐这个产品或服务。这些老客户的推荐无疑会起到非常大的营销作用。

除航空业之外，很多互联网企业也在使用忠诚度奖励模式。最具代表性的就是亚马逊。亚马逊有一个非常重要的计划叫作 Amazon Prime，也就是亚马逊的会员计划。在亚马逊的会员计划刚刚诞生的时候，公司的董事会和管理层曾经提出质疑，因为亚马逊会员可以享受物流免费，而且还可以在亚马逊网站上观看上万部免费影片，这对亚马逊来说要花费非常高的成本，但是贝佐斯毅然推出了这个计划。

时至今日，我们看看这个计划所带来的价值。Amazon Prime 的会员消费是非会员消费的三倍以上。2018 年 4 月 19 日，亚马逊公布，其全球 Amazon Prime 会员用户数超过 1 亿。目前，Amazon Prime 会员在中国的年费是 288 元人民币。这就是忠诚度奖励模式所带来的巨大的现金流价值。

除亚马逊外，国内很多企业也在使用这个模式，比如支付宝。当你使用支付宝的时候，会有支付宝积分，积累到一定数值就会享受一系列的权益，包括机场、火车站的贵宾权益，免费订酒店下午茶的权益等。

此外，支付宝还用了各种方法在不知不觉中提高用户的忠诚度。例如，连续多年的年末，支付宝都会推出"集五福"活动，参与活动的用户数量是很庞大的，"集五福"活动的玩法每年也在不断地改进。"集五福"看似是一个简单的游戏，但其背后有着强大运营团队的规划，一个游戏也可以起到提高用户忠诚度的作用。

2018 年的"集五福"活动，支付宝采取了两个集福字的新方式——"蚂蚁庄园"和"蚂蚁森林"。在蚂蚁庄园里，每攒够五粒鸡蛋就可以进行一次公益捐赠，所以支付宝是在用公益吸引大家在这个游戏中获得成就感和满足感。而且你还可以跟好友互动，你的鸡可以跑到好友的庄园吃东西，你的成就也可以在好友中进行排名。蚂蚁森林则是通过收集绿色能量来种植树木。等到集齐了一定的能量，你就可以认领一颗真正的树，种在支付宝认领的、需要进行环境保护的某一片沙漠上。在蚂蚁森林中，用户也可以和好友互动，你可以去偷好友的能量，也可以为好友的树木浇水。

春节的"集五福"活动让更多的人知道了蚂蚁庄园和蚂蚁森林这两款游戏，实际上这两款游戏就是提升用户忠诚度的手段。首先，这两款游戏的模式类似养成类游戏，而养成类游戏则具备流行和受欢迎的潜质，这类游戏容易让用户上瘾，虽然用户不会为之狂热，但是玩这款游戏的时间会持续很久，可能每天都会玩几分钟。再加上这款游戏有一定的社交属性，如此就更增加了用户黏性。

在这两款游戏受欢迎的基础上，支付宝将更多的功能和这两款游戏联系在一起，达到了维护用户忠诚度的目的。例如，如果使用支付宝进行在线支付、在线缴费，以及点外卖时选择不送餐具、出行时骑共享单车等环保行为，你就可以获得绿色能量。在收集绿色能量的过程中，用户是很容易获得成就感和满足感的，这样的愉悦虽然不大，但是获取也容易，因此，用户会更愿意使用支付宝的产品。这些小游戏只是支付宝运营团队的一些包装，通过游戏的方式更好地留存用户、培养用户的忠诚度。

在红海竞争的环境中，各类产品非常同质化，而怎样锁定用户，让用户更多地使用我们的产品，正是忠诚度奖励模式发挥的作用。

如果你想使用忠诚度奖励模式，希望你首先思考这样几个问题。

第一,在你和用户的交互过程中,能不能找到可以激励用户的点?

第二,你是否愿意拿出相应的成本去奖励你的用户行为?

第三,在这个过程中,你能否捕捉到用户更多的数据和行为,并以此来形成更加个性化的服务或者解决方案?

当你思考清楚这几个问题的时候,我想你就可以尝试设计一个适合自己的忠诚度奖励计划了。

8 C2B[①] 模式：
让客户从被动接受到主动索取的方法

目前，很多企业已经开始实践 C2B 模式了。过去企业的生产制造大多倾向于生产标准化产品，而现在，标准化产品已经很难满足用户个性化的需求，越来越多的消费者希望得到更加针对个体的、具有鲜明个人特色的产品或服务，这就是 C2B 模式的核心特点，如图 2-2 所示。

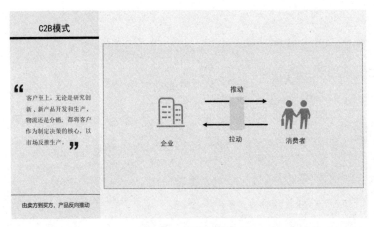

图 2-2　C2B 模式

C2B 模式，就是更多地从用户的角度思考产品的设计、

---

① C2B：Consumer to Business，即消费者到企业，是以消费者为中心的新的商业模式。

制造以及一系列的交付过程。

虽然最近我们越来越多地提及 C2B 模式，但它并不是互联网的产物。很早以前就有一些优秀的公司在以 C2B 模式进行经营，其中一个比较明显的例子就是以 ZARA 为代表的服装企业。

ZARA 是快时尚的典型代表企业之一。我们知道，服装需要不断地更新换代，根据潮流更换最新的服装款式。但是很多服装产品，一年可能只更换四季，甚至有些一年只更换两季。而对于 ZARA 来说，这样的更换频率太少了。ZARA 一年的服装更换频率大概为 18 季到 20 季。

ZARA 有很多买手，他们在全球第一线的时装发布现场获取信息，了解下一季用户最关注的时装款式是什么，然后快速地把这些需求发回总部，总部以最快的时间进行设计、生产，并发往各地的分公司。所以他们能够确保在两周内就把在时装周所看到的服装款式陈列到 ZARA 的每一个门店里。

对于用户来说，这种做法无疑让他们最快地感受到了时尚潮流。而对于 ZARA 来说，它生产的所有服装都是限量款的，用户今天去商场看到一件服装没有买，也许下次就买不到了。

这就是 C2B 模式的核心，即从用户的角度考虑生产，进行供应链和生产链的管理。过去很多企业是从企业的角度思考用户要什么，做了很多大规模的生产制造，到了市场上产品却并不受用户喜欢，或者很快过季，导致大量产品积压，给企业带来沉重负担。

C2B 模式一定是对用户有价值的，因为用户得到了更加个性化的产品或服务，但同时，C2B模式对于企业的运营和管理有着非常高的要求。

第一，要快速把握用户的需求；第二，要快速提升供应链水平，把用户需求融入生产体系并交付给用户；第三，要在个性化生产的过程中确保有足够的利润。

上汽集团的大通有一条房车生产线。用户对房车的需求是非常个性化的，他们甚至要求百分之百的定制，因此上汽大通投入上亿元人民币研发这条C2B生产线，把汽车生产的每一个环节进行模块化，组合后为每一个用户提供与众不同的汽车产品。

在电商领域，有许多服装品牌也是以C2B模式进行操作的。其中有一个非常重要的女装品牌，排在淘宝女装品牌的前三，叫作韩都衣舍。

韩都衣舍对它的组织架构进行了调整，分成一个一个的小团队，每个小团队就三个人，分别担当三种不同的角色：一个采购，一个设计，一个销售。每个小组快速地捕捉用户信息，捕捉当下的流行时尚特点，再把这些信息传导给生产部门。这也是一种互联网时代的C2B运用。

互联网给我们带来的最大的便利之一就是对数据的收集和整理，这一便利性让C2B模式运行得更加顺畅和高效。

除服装行业、汽车行业以外，家电行业也可以应用C2B模式，例如，海尔家电就是家电行业C2B模式应用的标杆。

传统家电制造业一般遵循的商业流程都是研发技术、设计产品再到生产产品，最后把产品推向市场。这是一个典型而保守的商业模式，而海尔和其他家电不同的是，它走出了一条更好地满足用户个性化需求的 C2B 道路。

海尔投入很多精力打造了一条"看得见的产品线"，从生产车间到服务链条，再到国际平台，海尔都让他们变得"透明化"。

生产车间透明化是指海尔在自己的生产车间装满了摄像头，消费者可以通过摄像头实时看到海尔的生产流程和生产细节。这是全世界第一个向全球消费者开放的智能生产车间，意味着海尔主动接受来自全世界消费者的监督。

在服务链条方面，从前的服务链条是密闭的，消费者处于不利地位，不知道自己所购产品在服务链条中发生了什么、进程如何，而海尔的服务链条通过自己的"海尔 U+ 智慧生活"软件，让人、家庭和家电通过物联网联系起来。再加上移动互联网的加入，服务链条中的产品信息、生产进度、服务价格、保修信息等都一目了然并保持实时更新，公开透明地展现在消费者眼前。这样一来，消费者就会对海尔产生更多的信任感，因为这样的服务链条有效避免了对消费者的欺骗和乱收费现象。

在国际平台方面，海尔推出了供应商与客户零距离沟通交流的软件平台——海达源。在这个软件平台上，供应商可以直接注册，并与用户进行交易。用户和供应商可以进行在线交流、交付，供应商可以直接了解用户具体的需求。这是一个能让客户全流程参与的商业生态平台。此外，海达源还整合了各级供应链、方案超市、仓储物流、金融服务等平台，让各个平台、各个环节都形成对用户的透明生态链，使透明化在方方面面得到实现。也就是说,海达源在很大程度上减少了很多中间环节,让客户自己接触到商品的设计、生产、运输等第一手信息。这样的方式既能降低生产成本,又能提高生产效率,还能改善用户体验,一举三得。

我们可以看看海尔C2B模式应用的具体营销案例。2015年9月,海尔与聚划算合作,进行了一次大规模的尝试,让超过100万的淘宝用户对电视产品的尺寸、边框、清晰度、能耗、色彩、接口这六个定制模块进行投票,选出他们最喜欢的样式,然后按照投票的结果进行生产,用团购的方式进行销售,4个小时卖了5000台彩电。此后,海尔又办过几次类似的投票活动,采用C2B模式,让用户更有参与感,几乎每一次都非常成功。

还有一个实例:在海尔家族里有一款叫"天铂"的空调,这款空调是一位普通用户自己设计的。他把自己的设计草图发送到海尔众创汇平台,经过海尔专业人员的改良,最终生产出了这款以鸟巢为灵感来源、最终的外形也非常像鸟巢的天铂空调。这样的消费者和生产者之间的关系是非常和谐的。

如果你也想去尝试这个商业模式,请你思考一下,你的行业或企业有没有如下几个特点。

第一,用户的个性化需求非常高,每个用户都强调需要个性化的产品,每个人的需求都是与众不同的。

第二,是否有一个非常完备、快速响应的供应链系统,这是确保C2B模式得以成功运用的前提条件。

第三,能否确保有足够的盈利,这也是非常重要的。

9 体验销售模式：
打造企业与顾客之间的"第三空间"

在本节的开头，我想请你先思考这样一个问题：当产品的同质化现象越来越严重，当我们跟对手的竞争越来越激烈的时候，我们怎样在战役中胜出？我们以星巴克、海底捞和诚品书店为例，看看这三家不同行业的公司背后有什么相似点，能让它们成为各自行业的领军者。

我们首先来看一下星巴克。星巴克总部位于美国华盛顿州西雅图市，根据星巴克2019年第二季度财报显示，其在全球的门店已超过3万家。同样一杯咖啡，为什么星巴克卖的价格要比其他咖啡馆的价格高，而且更受大众的欢迎呢？这其中的奥妙是什么？

星巴克创始人舒尔斯曾经说，星巴克的目标不只是做一家简简单单的咖啡馆，而是希望为客户打造一个第三空间。什么叫第三空间？第一空间是我们每个人的家，第二个空间是我们的办公场所和职场环境，而星巴克在他的价值环节中想要做的一件事情，就是打造家和办公场所之外的第三空间，在这个第三空间里，你可以和你的朋友小叙，也可以跟你的商业伙伴进行洽谈。

星巴克的背后不仅代表咖啡,也是一种文化和人们生活习惯的体现,人们把它当作一种生活态度。星巴克在它的内部布局上也体现了对这方面的思考。你可以看到高矮不同、形式各异的座位,每一个不同座位的背后都暗含着星巴克对给人们提供一种什么样的沟通环境的思考。正是这种思考让它在人们心目中留下了深刻的印象。这就是体验销售模式。

我们再来深入分析一下星巴克的体验销售模式。不只是椅子的高矮这么简单,星巴克在各个方面都费尽心思地满足客户的种种需求,去打动客户。首先,星巴克的主要受众是大学生、白领等注重体验感的人,如感官体验、服务体验,以及服务之外的体验等。但这些都不是最核心的,星巴克认为,最核心的体验应该是让消费者喝到一口用心做出的优质咖啡。

对优质咖啡的追求是星巴克体验销售的核心。星巴克的咖啡采购团队全年在全世界各个角落寻找优质的咖啡豆,从咖啡豆产地的选择,到采购、运输、包装、研磨等,各个环节都遵守非常高的标准。同时,星巴克会对自己的员工进行非常严苛的咖啡制作流程培训,各种配料精确到克,不同品种咖啡的做法也有着严格的区别。所以我们可以看到星巴克的菜单上有很多品类的咖啡,众多的品类和优良的口感会让消费者获得极好的体验。星巴克的广告也会着重宣传自己的咖啡如何优质,其目的也是告诉消费者:在我这里,你能获得高品质的用户体验。这是追求生活质量的消费者所需要的。

对星巴克的目标顾客群体来说，除高品质咖啡这一核心体验外，感官体验也是非常重要的。除味觉体验之外，视觉、嗅觉、触觉、听觉等全方位的感官体验，也都起到了非常关键的作用，缺一不可。例如，在视觉体验方面，星巴克会投入巨资让一批专业的艺术家和高水平的建筑师为每一家星巴克店面进行设计，设计师会结合当地的历史、人文特色和所处环境等特点来设计星巴克店铺，使其具有当地特色和艺术人文气息。他们在外观上就告诉消费者，星巴克和其他咖啡店不一样，是有艺术品位的、有内涵的、用心做的店铺。至于室内，星巴克致力于营造"生活场景"，通过播放的音乐、室内物品的陈列、椅子的舒适度等，营造一个舒缓、放松、休闲的环境，让星巴克成为人们除家庭和办公室外的第三空间，让即使不喝咖啡的消费者也愿意和朋友、恋人来到星巴克享受放松而有品位的体验。

此外，星巴克的服务体验也非常优秀——消费者可以根据自己的想法来调配一杯独一无二的咖啡。即使出了星巴克的大门，消费者也可以感受到延伸体验——各种店外活动、会员期刊赠送等，都可以让消费者感受到温暖。体验销售模式如图 2-3 所示。

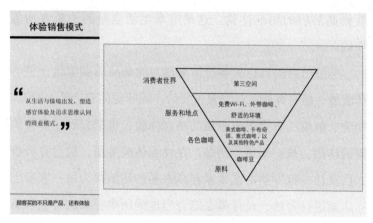

图 2-3　体验销售模式

我们再来看海底捞的例子。当你下班后,想去海底捞吃火锅,你一定不是想简单地吃一顿火锅。从口味来说,海底捞火锅跟其他众多的川味火锅其实并没什么大的差别。但是当你进入海底捞的店里,你进入的就是一种体验式的生活场景,在这里你可以做指甲、擦皮鞋,可以在等候用餐的时候跟小伙伴下一盘五子棋。当然,在用餐的过程中,你也会体验到许多与众不同的地方,这种与众不同会给你带来体验的愉悦感。正是这种愉悦感让这家公司有别于其他竞争对手。

体验销售模式特点在于,企业从人们的生活情境出发,满足人们不同感官上的体验,以此抓住客户的注意力,改变客户的消费行为,并且在这个基础上为商品找到新的生存价值和空间,企业也因此获得更高的收益。这就是体验销售模式所带来的价值,无数的商家就是通过这种方式赋予了产品新的生命。

最后我们来看诚品书店。作为一家书店，它给人们的感觉是，它不仅是一个卖书的场所，还让人们感受到一种生活的氛围，你可以一整天都泡在诚品书店里，你可以阅读，也可以听音乐会、看话剧，甚至可以看到它的厨房，并且可以在厨房里小试牛刀。这一切告诉我们，在这个时代，怎样为我们的商品或服务赋予更多的内涵，更多地捕捉人们内心希望获取的东西，才是商家立于不败之地的法宝。

在互联网时代，许多传统零售业已经被电商打击得体无完肤，比如服装销售行业，其实体店铺越来越少，它们的生存空间被电商挤压得越来越小。但是体验式的行业是很难被电商替代的。比如餐饮业、儿童教育业以及电影院，这些行业或场所都有用户体验的环境，而这些环境有着独特的生命力。

请你思考一下，你能否赋予你的产品或服务一些新的价值点，找到人们的内心和感官上的认同点，如果你能做到，我相信你又找到了新的利润增长点。

10 用户自助模式:
如何让客户帮你降低运营成本?

对于很多企业来说,为客户提供尽善尽美的服务是它们的追求,它们希望为客户提供服务时能做到细心周全,面面俱到。但是也有另外一种企业反其道而行,它们在为用户提供产品或服务时,有意识地让用户自己去完成一些任务或工作,将价值链中的一些环节交给用户。

我们来看一下家具行业的例子。传统家具生产企业的销售方式通常是获得用户的订单后,从工厂直接把家具运送给用户。因为家具的体积相对较大,所以运输成本会非常高。但是在家具行业中也有一家企业,正像我们前面所说的,却反其道而行,那就是来自瑞典的宜家。

宜家对提供给用户的家具进行了很多模块化操作,用户可以根据自己的需要来组合家具。对于宜家的用户来说,很多时候他们买回家的家具并不是一个整体,而是一块块拼接的模块,这些模块需要他们自己去完成安装。

用户也可以让宜家安排安装师傅帮你完成安装,但是需要支付相应的费用。比如1000元左右的家具,用户需要支付的安装成本在80元左右,对于很多用户来说,他们情愿自己回家安装。宜家为用户考虑得也非常周全，安装的过程非常人性化。

通过用户自主或者自助式安装，一方面，宜家节约了大量的运营、物流、安装的成本；另一方面，用户也节省了开支，更重要的是用户可以参与产品的实现过程。让用户参与价值交付的过程，这个商业模式叫作用户自助模式，如图2-4所示。

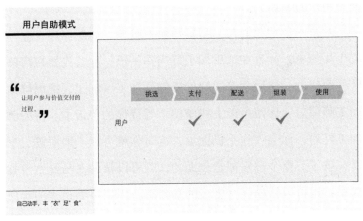

图2-4 用户自助模式

除宜家之外，这个模式对最近几年互联网和科技行业的发展也带来了更多的价值。比如说这两年比较流行的新零售行业，在这方面也做了一些创新。

比如，当我们去超市购物时，经常碰到的一个很令人头痛的问题是，结账时发现收银台有长长的队伍，我们需要花很多的时间排队结账。这是超市在收银过程中的一个痛点。

但一些新零售的代表，包括永辉超市、盒马鲜生等，它们就把结账这一环节交给用户自己去完成。

当用户走进永辉超市或者盒马鲜生时，会看到一台台的自助结账工具。用户在挑选完商品以后，可以通过这些自助收银台，自己称商品的重量，自己获得商品的价格，同时进行买单支付，整个过程完全是自助式操作。这样的操作对于用户来说是非常便捷的，不用进行长时间的等待，同时也保证了用户的隐私。

再如，盒马鲜生有一项海鲜加工服务，如果你想在盒马鲜生买海鲜，并且在这里加工好当作午饭，你首先要在海鲜区称重付款，然后拿着买好的海鲜到加工区加工，把海鲜给加工师傅后，你便可以去找座位，等待你的午饭了。待海鲜加工好后，你会收到手机提示，这时你就可以去取海鲜、享受大餐了。整个过程都是自助的，既可以帮助盒马鲜生节省人手，也可以让顾客有更多的参与感。用户自助模式的玩法有很多，这是其中一种。

这个模式的价值对于企业来说无疑是很明显的。在这个过程中，企业需要的收银员数量和需要支出的成本会大大降低。可能过去需要三个人，现在只需要一个收银员就能完成整个收银的过程，这对企业提升自身的效率也有极大的帮助。

用户自助模式在零售业还在不断地扩展，如亚马逊的无人超市，可以通过人脸识别和自助支付系统，让顾客自助完成所有的采购和结算行为，不需要任何人员的支持或辅助。

而在一些快餐店里，我们也能看到很多自助结账机、自助点餐机。例如，在肯德基、麦当劳等连锁快餐店，用餐高峰期时总是人满为患，点餐的人需要排很长时间的队。这样的情形既会让客户失去耐心，也会使店铺的盈利效率降低。而借助自助点餐机，客人可以自行点餐、付款、取号，凭借取到的号来取餐，而无须排队。这样点餐效率就大大提高了，也有利于企业为用户提供更好的用户体验。

除零售业、餐饮业外，自助模式在其他行业也随处可见。例如，淘宝上很多卖自行车或小家具的卖家，为了邮递方便，把零件寄给消费者，消费者拿到货后需要自己安装。这种安装并不困难，因为这些零件是按标准尺寸生产的，只要配上视频和说明书，用户就很容易学会安装方法。这样一来，店家只需要提供配件就可以了，这种做法使产品拥有了更高的性价比，快递费也减少了很多。

如果你想要采用用户自助模式，请你先思考这样几个问题。

第一，在你和用户交互的产业链和价值链过程中，有没有一些环节是可以让用户完成的？

第二，如果有这样的环节，用户自助完成后会获得一些价值吗？比如说节约成本、节省时间，或更加便利等。

第三，在用户自助完成这些环节的过程中，你对用户的体验是否考虑得足够？如果用户自助的过程给他们带来很多困扰或不便，就会影响这个商业模式的应用。

11 白条消费模式:
遇到没钱的客户怎么办?

如果你有一家企业,客户想购买你的产品,但因为他手中的钱不够,暂时无法购买,你该怎么办呢?也许我们会说:"你需要攒够钱,再来买我的产品。"但是有些企业就在这个需求上做了创新,这就是这一节我们要分享的商业模式,叫作白条消费模式。

白条消费模式最早诞生于汽车行业。在20世纪20年代,通用汽车为了帮助那些没有足够的钱买汽车的人能够早日买到通用汽车,成立了一家公司,叫作通用金融。

通用金融只做一件事情,就是在你想购车而手中的资金不足时给你贷款。你可以先付一部分资金,剩下的钱由他贷款给你,然后你再分期支付,但是你要支付相应的利息或者佣金服务费。这就是我们今天非常熟悉的汽车按揭服务。正是通用金融的这种按揭方式,让通用汽车的销量一路上扬。今天中国大多数汽车企业也在运用这个模式,就是由企业给用户贷款。过去十年是中国的汽车金融发展的黄金十年,市场规模增长了十倍之多。

白条消费模式如图2-5所示。当用户手中没有足够资金购买我们的产品或服务时,我们可以借钱给他,让他提前享受产品或服务,这就是白条消费模式的核心特点。

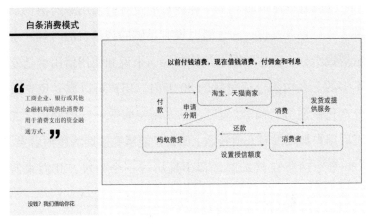

图2-5 白条消费模式

过去白条消费这个模式更多的是用在大宗商品的购买上,如房屋、车辆等,但今天很多年轻人的消费习惯已经发生了变化,他们更愿意超前消费,基于此,很多商家推出了这种信用贷款服务,其中比较有代表性的如蚂蚁金服的花呗、京东白条等,这种形式都是通过为用户提供预支消费资金让用户提前消费,商家或企业在这个过程中可以获得更多的利润。一方面,当用户的手中有了更多消费资金时,他们就会更大胆地去消费;另一方面,商家在使用花呗等方式时也要向蚂蚁金服等平台支付一定的佣金。

京东白条就是运用白条消费模式的典型。京东官方对"京东白条"是这样解释的:白条是京东推出的先消费、后付款的全新支付方式。在京东网站使用白条进行付款,可以享有最长 30 天的延后付款期或最长 24 期的分期付款方式。

白条消费在本质上是一种针对消费者的信用赊购消费金融业务。也就是说,在你暂时没有足够的钱消费的时候,京东借钱给你,让你赊账,从体验层面来说和使用信用卡是差不多的。在白条延迟付款的 30 天内,用户可以享受免息或分期付款服务,而 30 天后,京东则将收取一定的费用。30 天后用户如果没有及时还款,那么只能承受逾期的违约后果。

京东白条在其发展过程中经历过三个阶段,我们来看一下。

第一阶段的京东白条只适用于京东商城里的自营店铺。在这一阶段,白条的应用比较简单,并没有第三方介入,即便后来京东将京东白条的运营交给第三方金融公司,但也并未产生新的金融债权和借贷关系,仍然是商家和消费者之间的借贷关系。而京东对京东白条的利用,就是借助其强大的平台,调整上游供应链的付款时间,通过这个时间差把京东白条的赊账负担转移掉。

第二个阶段的京东白条不仅适用于京东自营店铺,还扩大到京东商城的第三方店铺。这时,京东商城的交易形式是"消费者—京东商城平台—第三方店铺"。京东不再同时进行收款和出卖的工作了,它已经不是实际上的出卖人了。

第三个阶段的京东白条适用范围进一步扩大,从普通商品的交易扩大到"旅游白条""教育白条""租房白条"等,我们可以称之为"白条+"。在这一阶段，京东白条已经不再是一个单纯的赊账模式，它已进入各领域的消费情境中，发展成更为专业、目的性更强的信用贷模式。

那么京东白条的资金是从哪里来的呢？这些消费者所赊的钱绝对不是京东用自己的资金来垫付的。京东白条的钱来自很多途径，首先是供应商的应收账款。京东是国内最大的电子商务自营平台，汇集了非常多买家和卖家，而它作为一个有自营平台的网站，一个很大的优势是对上游供应商可以很强势。京东对于供应商应收账款的收款时间是可以进行调控的，它可以通过调整应收账款的结算周期来制造一个时间差，从而将京东白条的成本转移到上游供应链中，这样，京东白条对京东来说就相当于没有成本了。

还有一个途径是资产证券化。京东已经委托第三方证券公司基于京东白条进行了资产证券化。京东通过京东白条获得的这些几乎没有成本的应收账款，可以通过资产证券化卖出，从而获得收益。

此外还有一个收入来源，就是京东白条激发了消费市场的潜力，吸引了更多顾客来京东消费。一些用户付出的分期利息等也是这个模式的一个收入来源。

京东通过白条消费模式，一方面刺激了消费者的消费欲望，另一方面又获得了更多的收入，这也是电商和消费金融绑定的新模式。除此之外，我们在使用信用卡的时候，经常会有银行方打电话问我们是否需要分期付款，这种分期付款的方式也是一种白条消费模式。银行提前预支资金给你，让你减少本次付款的总金额，你只要付首付就可以了，但是银行在这个过程中会收取一定的手续费或者利息。对信用卡业务来说，分期付款是它获得收入的主要来源。

白条消费模式是消费和金融的完美结合，它一方面刺激了用户的消费需求，另一方面商家又可以获得更多的收益。当然你在采用白条消费模式的时候，我想请你关注以下几点。

第一，一定要控制风险，减少坏账率。如果坏账率过高，这个商业模式也无法持续下去。

第二，在发放贷款或者抵押贷款时，一定要在法律和道德的界限内进行，避免出现越界行为。

做到以上两点，白条消费模式就会给你带来一定的价值。

12　用户锁定模式：
如何套牢用户，防止被竞争对手抢走？

作为一名企业经营者，当你拥有了一定的客户之后，下一步考虑的一定是怎样能够把这些客户牢牢锁定，不让他们被竞争对手抢走。

在竞争非常激烈的航空业，航空公司是通过什么模式锁定他们的客户的呢？前面我们已经提过，航空公司会对用户提供常旅客计划，你飞的里程数越多，公司就会根据你的飞行或消费记录，给予你更多的里程奖励。你通过里程奖励可以换取机票，或者在航空公司的商城里换取其他商品。

当你积累了一定的里程，就会获得相应的等级。不同的等级会享受不同的权益。比如如果你到达金卡或白金卡等级，你就可以享受在机场贵宾休息室候机、免费升舱等权益，这对于出行来说是非常好的体验，而用户就被航空公司提供的这些权益锁定了。

除此之外，航空公司可以根据用户平时的飞行数据为客户提供更有针对性的服务。比如它可能会更加了解客户的飞行时间段、喜欢坐的位置、喜欢的餐食类型等。航空公司通过数据分析，给客户提供更加个性化的服务，这种服务就把客户的转换成本和门槛提得非常高,客户就很难转换到其他的航空公司,航空公司通过这种客户锁定模式就把客户牢牢地锁定了。客户锁定模式如下图 2-6 所示。

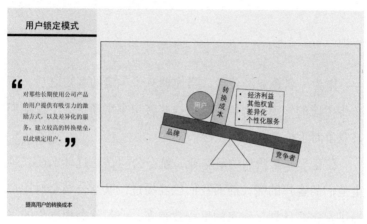

图 2-6　用户锁定模式

这是锁定客户的第一种方式,即通过提供更好的体验和更加个性化的服务,提高客户的转换门槛。

第二种方式是通过产品和技术锁定用户,我们来看玩具企业乐高的例子。乐高所有的玩具都有专利,乐高要求其他的竞争对手不能生产同样型号的玩具,其他企业生产的玩具,型号跟乐高没办法匹配。乐高的产品无法跟竞争对手的产品兼容,确保了它产品的唯一性,用户只能持续使用或者购买乐高的产品,哪怕竞争对手的产品价格更便宜。最后,孩子们就只记得住乐高,乐高通过这种方式把用户牢牢地锁定了。

苹果公司的模式也和乐高有异曲同工之妙。苹果建立了自己的产品帝国，从充电线、耳机、键盘到手机、电脑……这些产品全都自成一套，有自己严苛的设计标准和质量标准。首先，它的产品本身从设计到质量各个细节都是非常优秀的，这吸引了大量的消费者和粉丝；其次，它还通过各种方式锁定消费者。

第一，苹果申请了非常多技术专利，在 2006 年就已经拥有了 2000 多项专利。例如，iWatch 的毫米波技术专利、很久之前的滑动解锁专利、多点触控专利、快速链接专利、3D Touch 专利、苹果铅笔专利、AirDrop 专利、指纹识别专利、Face ID 专利、充电连接器专利等。这些专利在苹果的发展过程中为苹果保驾护航，保证了苹果一直走在电子设备技术前沿。这些技术在刚被开发出来的时候，其他品牌的产品是没有的。

第二，苹果产品所用的零件和其他品牌是不兼容的。拿我们最常见的充电线来说，安卓系统的手机充电线是可以兼容的，如小米手机，也可以借其他安卓系统手机的充电线来充电。

而苹果手机的充电线在各种手机品牌中是独一无二的，只有苹果自己的充电线能够适配苹果的手机。你如果选择使用苹果手机，那么就要接受苹果为它的产品设置的不兼容特性。苹果的不兼容还体现在很多方面，如众所周知的蓝牙连接、Macbook 软件安装和硬件连接等，都是和其他品牌不兼容的。这样的不兼容实际上把顾客锁定得更死了。

同时，苹果的产品帝国十分庞大，产品质量也很好，用户如果买了苹果的其中一种产品，那么再买其他苹果产品时，产品间是可以通过个人账号联系在一起的，非常方便。苹果的独立系统还在一定程度上保证了更好的安全性。所以很多用户心甘情愿被锁定，成为苹果的粉丝。

第三种锁定用户的方式是通过法律实现的，如企业在跟用户签订合同的时候，约定必须是独家服务或独家客户，通过这样的形式来起到相互约束的作用。

最后，请你思考一下，你目前的客户是否被你锁定了呢？你的客户从你那里转换到竞争对手那里的门槛高不高？如果这些答案是否定的，那么你可能需要花一些时间思考，怎样更好地锁定你的客户。

相信在未来，除我们上面提到的这些锁定客户的方法之外，还有更多的方法可以锁定客户。比如说互联网网络效应也是锁定客户的方法之一，你使用了微信，你的社交圈网络就会把你锁定在微信上了。如果换新的聊天工具，失去了原先的社交圈，就会让你觉得没有意义。

锁定客户的模式无处不在，而且也非常必要。因为获得一个新客户的成本要比留存一个老客户的成本高得多。锁定客户对每一个企业来说都是非常重要的，希望你能够重视起来，并且采取一定的措施。

第三篇

创新战略篇

CHAPTER 3

13 要素品牌模式：
小公司如何通过杠杆提升品牌知名度？

当我们购买电脑的时候，不管买什么品牌，一定会问一下电脑的处理器是不是英特尔的；购买音响的时候，一定会考虑是不是带有杜比音效的；购买锅具的时候，一定会问锅底是不是特氟龙的不粘底涂层的。这背后的原因是什么？在购买一件商品的时候，你关注的是附属于它的一个元素的品牌。

这就是要素品牌模式。要说要素品牌，我想最经典的一个一定是英特尔微处理器了。英特尔在20世纪70年代刚刚诞生的时候，在市场上的地位并没有像今天这样如日中天，它还面临着跟本土企业及当时日韩企业的激烈竞争，生存状况并不是很好。

1992年英特尔提出了一个重要举措，叫作"intel inside"。这个举措的主要目的就是建立英特尔产品的品牌。他们在建立产品品牌的过程中，实施了一系列非常有效的措施，其中有一条是非常有借鉴意义的。

他们当时跟其他的电脑主机厂商达成一项协议，协议规定，英特尔给这些主机厂商提供英特尔微处理器的时候，价格上可以给予 6% 的折扣，但是这 6% 的折扣要用于这家电脑企业的广告，而且广告上要注明"intel inside"，也就是我们经常听到的那个熟悉的声音"噔噔噔噔"。

这就是英特尔最核心的一个激励措施。在 1992 年到 2002 年的十年间，英特尔的这一措施耗费了接近 70 亿美元，却为它带来了 400 亿美元的品牌价值，让它在随后的日子里成为整个芯片行业的霸主。要素品牌模式如图 3-1 所示。

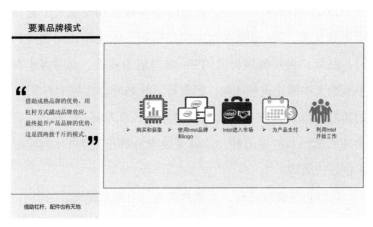

图 3-1　要素品牌模式

当你生产的产品附属于其他产品的时候，或者说你的品牌影响力还比较微弱的时候，可以通过合理的杠杆效应提升自己品牌的影响力，最终使自己的产品成为一个不可缺少的因素。当人们在购买商品的时候，一定会考虑这个商品是否含有你的产品要素，这就是要素品牌模式所带来的价值。

咖啡界也有这样一个非常有名的要素品牌，叫作 illy 咖啡。你如果在欧洲街头闲逛，会看到这家咖啡馆的门口挂着一粒红方块的 illy 咖啡标志，在这里一定可以喝到不错的咖啡。illy 是一个来自意大利的咖啡品牌，它向一些高档餐厅提供咖啡供应。illy 咖啡采用了百分之百的阿拉比卡咖啡豆，确保整个产品咖啡因的含量不超过 1.5%。illy 就是高品质咖啡的代表。

在此基础上，illy 还创造了很多咖啡文化，他们在全球建立了 20 多所咖啡大学，供那些咖啡爱好者和专业人士进行学习和交流。illy 咖啡在意大利是餐馆、咖啡馆使用咖啡的第一品牌，很多餐馆将选用 illy 咖啡视为骄傲，而顾客也在不断购买中强化这种印象。据统计，illy 咖啡在市场上有 7.5% 的市场份额，每天在意大利就会卖出 300 万杯 illy 咖啡，在全球则卖出 600 多万杯。这就是要素品牌模式为 illy 咖啡带来的巨大效应。

饮料包装领域还有一个非常典型的要素品牌模式的例子，相信很多人也非常熟悉，那就是利乐包装。利乐包装是由瑞典利乐公司全无菌生产线生产的复合纸质包装，可以为果汁、牛奶等液态食品提供一整套的包装服务，是一家非常大的供应商。我国使用利乐包装的饮料品牌非常多，而且人们都耳熟能详，如统一、康师傅、汇源、光明、伊利、娃哈哈、维他奶等。据统计，利乐包装占据了中国约 70% 的包装市场，且合作方都是优质企业，几乎处于垄断地位。

是什么让利乐包装在市场上得以占据如此优势？答案正

是它所运用的要素品牌模式。由于合作的都是优质企业，利乐包装也成为安全和质量的代名词。其他的包装企业只将自己视为一个普通的加工企业，而利乐包装的不同在于它重视与消费者建立连接。例如，他们会在利乐的饮料包装上展示出利乐包装的 logo，甚至会写上一句广告语——利乐，保护好品质。利乐包装非常注重建立自己的品牌形象。这样一来，利乐包装就比别的包装更容易被消费者记住和信赖，而消费者的这份忠诚度也影响了饮料商家在饮料包装上的选择。为了取得消费者的信赖，饮料商家更倾向于选择利乐包装，因为利乐包装代表了好品质。

还有一家运用要素品牌模式成功发展壮大的公司，即杜比公司。相信很多人听说过杜比，毕竟知名度高是很多采用要素品牌模式公司的共性。杜比，在很多人心中代表了高级的音质，如人们去看电影时，会问这个场次的电影是不是使用杜比环绕音效；人们挑选游戏机、电视机时，会问这台游戏机、电视机有没有采用杜比系统；人们购买耳机时，也会问这个耳机是否采用了杜比的技术。很明显，杜比在用户心目中的地位是很高的，是否使用了杜比技术代表了很多跟声音有关的产品品质的好坏。

那么杜比公司是怎样树立它的要素品牌的呢？首先，它在音响方面的研发技术确实一流，这也是要素品牌模式必不可少的因素，即本身的产品质量一定要过关。杜比在产品研发方面投入非常大，如它发明了降噪系统。在这一领域杜比快人一步，且做得十分优秀，很好地改善了电影院、耳机等噪音的影响，提高了音质。杜比自己研发的系统还有环绕声技术系统，用这个系统可以产生立体声效果。杜比的技术水平在同行业中是处于领先地位的，电影院、耳机生产商、音响生产商如果想更好地发展，一定会选择采用杜比技术，所以过硬的技术是要素品牌模式的基础。

有了技术还不够，在要素品牌模式中还有一个非常核心的环节，就是宣传。由于采用要素品牌模式的公司，其性质是给产品提供配件支持或服务，其本身并不直接面对消费者，所以杜比的很多广告需要与其合作伙伴共同合作完成。例如，在使用杜比音效的电影院，影厅中张贴的海报会特意注明该场次电影使用的音效系统是杜比环绕音效，并用一些广告语适当地对杜比做一些介绍，如"科技诠释娱乐"等。这样就加深了消费者对杜比这一品牌的印象，当他们走进杜比环绕音效的影厅时，就会得到非常好的感官体验，进一步认识到杜比音效的质量。这样长久反复以后，杜比就成了消费者心目中高级音质的品牌代表。

最后，有了技术和宣传，还需要与合作方建立良好的伙伴关系。杜比的产品是通过授权的方式让合作方进行使用的，这样一来，合作方在行业中就可以更具竞争力。同时，良好的伙伴关系可以帮助杜比更准确、更高效地通过合作伙伴把自己需要宣传的内容投放出来，传递给受众。

虽然你的品牌小，或者只是一个附属的产品要素，但这并不妨碍你打造一个出色的品牌。思考一下，在你的品牌实现过程中，你是否可以借助跟其他相关品牌的合作，用杠杆效应提升自己品牌的价值？也许有一天，你的品牌也会成为人们生活中不可或缺的一个重要因素。

14 许可证模式：
怎样让你的专利和技术发挥更大价值？

这一节要和大家分享的模式叫作许可证模式，如图3-2所示。

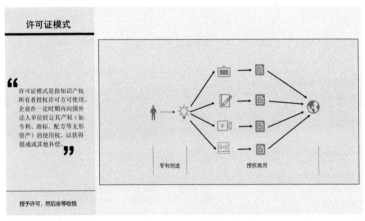

图3-2 许可证模式

以手机行业为例，智能手机的大多数专利掌握在美国公司手中，特别是高通公司。高通公司利用其对专业技术和专利的掌握，牢牢地把握了通信行业在过去的2G、3G和4G时代的市场份额，在主流芯片的生产专利上，他们占有非常高的比例。

据统计，目前手机主板上的 25 种关键零件中，至少有 8 种出自高通，而 84% 的芯片是从高通进货。如果没有高通的技术和专利，做出一部手机是非常难的。

高通首席市场官 Penny Baldwin 说："高通是一家专注发明创造的公司，高通的发明已经应用到世界上几乎每一台智能手机中。"高通公司最主要的两大支柱业务是芯片和技术专利许可。他们的芯片是十分厉害的，被用于各个手机品牌。技术专利许可，是指高通把研发出来的专利，用许可证的形式授权或转让给需要使用的公司，并在这个过程中收取专利许可费用。

使用高通公司芯片或技术的手机企业在生产和销售手机的过程中，每一台手机都要向高通公司支付 3%~5% 的专利费用。不管芯片是不是高通生产的，哪怕是别的芯片公司生产的，只要用到了高通的专利技术，都要向高通公司支付费用。

高通公司是如何运用许可证模式的，这其中有何奥妙之处？对于高通公司来说，他们生产的芯片会直接授权给手机生产商，手机生产商需要支付不同比例的专利费。但是对于其他的芯片生产厂商，高通拒绝授权，或者只给予有限的授权，确保这些芯片的专利技术牢牢地掌握在自己手中。高通公司每年都会投入巨资进行技术研发，其比例占到总销售额的 15%。截至 2019 年，高通在研发上的累计投入已经超过 580 亿美元。高通内部还采取了很多奖励措施激励员工进行研发，只要提交新技术专利申请的员工，就可以获得一笔奖金；如果这项技术真的申请成功且被公司应用，那么员工就可以依据这份专利对公司创造价值的大小，再次获得一笔高额的奖金。因此，高通内部员工对创新是充满激情的。

高通投入巨资创造了新的专利技术，而一些手机生产商购买这些技术，也比自行研发成本要低得多。

更重要的是，高通公司建立了一种叫作逆向授权的保护网，即高通公司跟客户签订逆向授权合同，如果客户拥有自己的专利技术，他们可以免费把技术纳入高通公司的技术专利保护网中。只要是高通的客户，都可以免费使用网中的专利技术，即使这个技术是其他公司的专利，大家也可以平等地拿去使用。但是如果这家公司放弃使用高通品牌，那就无法使用高通公司或者专利保护网中其他的相关专利，这就对所有的客户形成了一种绑定，大家被牢牢地绑在高通的专利网之中。

除手机领域之外，高通在汽车和物联网领域也提供许可证模式的技术合作，而且历程已达十年以上。基于高通专利技术为用户提供的价值，高通会向合作方收取许可费。例如，高通官方给出的对于互联网和汽车的收费标准是：汽车远程信息处理模块和设备的许可费目前为每单元不低于5美元；NB IoT（窄带物联网）或 eMTC（增强机器类通信）目前为每单元50美分。

高通与把技术专利当作提升产品竞争力和防护墙的那些公司不同，它并没有死死地守着自己的专利，而是采取了一种合作共赢的商业模式,即许可证模式。这个模式可以帮助一些没有自己技术支持的小型公司打破技术门槛的限制,进入他们的目标行业,同时还可以帮助跨国公司更好、更安全地展开他们的业务,在有知识产权保护的国家降低产生知识产权法律纠纷的风险,提供一把知识产权的保护伞。

实际上,高通非常看重知识产权,其本身也是一个利益和知识产权紧密联系的公司。高通一直认为,只有知识产权得到有效保护,社会才能源源不断地进行创新,因此高通一直是技术创新的推动者,其许可证商业模式就是为它保驾护航的保护伞。

除芯片行业外,很多其他行业也采用许可证模式。如果你经常使用照相机,你一定会对蔡司认证或者徕卡认证这些认证不陌生。比如,你是一家生产镜头的企业,如果你的生产制造过程经过了蔡司严格的监督,蔡司会给你一个认证,这个认证确保镜头符合一定的标准,也会使用户更加容易接受你的产品。

徕卡认证同样用在照相机上,包括华为在使用徕卡的照相机镜头时也用到了徕卡认证。

还有一个例子是索尼的家用电视游戏机 PlayStation。此款产品问世以后,很快创造了销售额过亿的行业神话。索尼的这款高性能游戏机吸引了大量的用户,因此 PlayStation 成为一个汇聚大量消费力的平台。索尼采用了权利金模式,向第三方游戏软件开发商授权,许可他们为 PlayStation 开发游戏，而第三方每卖出一定数量的游戏，索尼就会从中抽取一定比例的权利金。这样一来，第三方承担了游戏软件开发的成本和风险，而索尼只需要提供许可就能获得收益。

所以高通、徕卡、蔡司、索尼这些公司，他们所做的事情就是专注在技术的研发上，他们的技术形成了一种标准体系，而其他的公司如果想要使用他们的专利技术，就要为此支付费用。如果一家企业在此基础上建立了专利生态，那么这对于企业来说是非常具有优势的，因为制定标准的企业在整个商业生态当中是最有话语权和决定权的。

在你的行业中，你能否成为行业标准的制定者？如果你可以，我相信你一定会成为这个行业的领军者。

15　软硬件结合生态模式：
苹果商业帝国成功背后的密码

同样是手机品牌，为什么苹果可以做到万亿市值，而其他一些手机品牌却如此步履维艰？

比如锤子手机，其创始人罗永浩在创业激情方面可圈可点，值得人们敬佩，而且老罗模仿乔布斯在产品发布会上的一系列举动，也让人觉得非常精彩。但为什么锤子手机在其整个发展过程中如此艰难，且没有达到人们预期的效果呢？

这是因为他对于苹果的模仿，只模仿到了表面。老罗把锤子手机超炫的功能展示给用户，正如乔布斯在苹果产品发布会上做的一样。但是苹果这家公司，他的成功绝不仅是产品功能上的成功。如果你以为在产品功能上有所创新，甚至能够超越苹果，就是一家成功的手机企业，你想的可就太简单了。

对于苹果来说，它的成功除产品过硬之外，还有其背后非常强势的商业逻辑，其商业逻辑主要来自以下两个方面。

第一个方面是软硬件结合。对于苹果来说，它不只是简单地提供了一款手机。手机是一个消费频次相对比较低的产品，一款手机就算使用得再频繁，可能一年换一次也足够了。

如果仅仅是做卖手机这一门生意，那苹果的市值和盈利空间都是有限的，这对于苹果来说是远远不够的。苹果手机利用苹果商店（Apple Store），让它的产品变得更加有价值，因为苹果商店把硬件和软件结合起来，把产品和服务结合起来了。苹果商店让用户使用苹果的产品和服务的频次大大增加了。这也正是我们之前所说的用户锁定模式。

苹果的软件只能在苹果手机上使用，苹果以这种做法将用户牢牢地锁定在它的生态圈中。国内一些手机生产商也想效仿苹果，模仿得比较像的应属小米了。小米早期也在建立它的MIUI生态体系，只是今天小米的软件体系还没有那么成熟，这也正是小米在香港上市的时候，投资人对它估值并不高的一个原因。因为投资人认为它的模式只是一个简单卖货的商业模式，而并没有形成软硬件结合的生态模式。软硬件结合生态模式如图3-3所示。

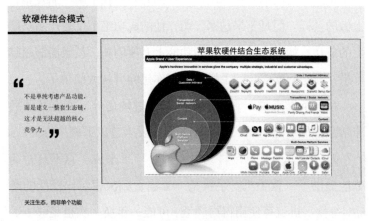

软硬件结合模式

"不是单纯考虑产品功能，而是建立一整套生态链，这才是无法超越的核心竞争力。"

关注生态，而非单个功能

图3-3 软硬件结合生态模式

第二个方面是对供应链的把控。

一家著名的 IT 研究机构曾评比出全球最好的供应链管理企业，苹果当之无愧。一部苹果手机包含了 500 多个元器件，而这 500 多个元器件是由上游 200 多家供应商提供的。苹果在供应链管理上采用了无缝供应链的管理方式，也就是说，苹果公司将业务渗透到上游所有元器件的开发、生产和制造过程，对这些产品的质量进行严格把控，这种做法也让苹果实现了其手机技术始终领先市场 2~3 年的奇迹。

苹果把大量的手机工程师下派到上游元器件合作工厂里进行共同开发。就算是富士康这样的组装工厂，苹果也派出超过 2000 名工程师进入工厂进行监督和协同管理，这就实现了供应链的无缝衔接。

正是这样的做法，确保了苹果产品的品质一直走在市场前列，这是苹果的商业逻辑中最核心的一个要素。

为什么库克能够接任乔布斯成为苹果的新任 CEO 呢？因为库克之前正是苹果整个供应链业务的负责人，这是其中很关键的一个原因。

很多行业中的领导企业，正是基于这种生态管理，使它们始终保持在这个行业的前列。其中一个典型的代表就是飞机制造厂商波音公司。波音公司每架飞机的零部件就有几百万个，这些零部件来自 5000 多家工厂，想要把这么多的零部件计划好、采购好、组装好，全球供应链的复杂程度可想而知，而波音公司却有效地管理了这种复杂的供应链。

我们来看看波音公司是如何管理供应链的。在过去，波音公司曾经采用"集中控制"的办法，给供应商提供一整套"技术标准"和"供应链管理规则"。在这种情况下，供应商比较被动，因为他们只参与了整个生产过程中的一个环节，没有话语权，总体来说效率和积极性都比较低。波音公司在经过研究分析后决定采用新的商业模式，即让供应商有机地参与到整个生产环节中来。这样一来，波音的供应链就得到了很好的衔接。

首先，波音公司打破了以往不对供应商公开大部分商业文件的惯例，开始把与供应商的协调合作看成最重要的事，对供应商开放除尖端科技机密以外的所有技术资料。由于波音公司的供应商遍布世界各地，为了让世界各地供应商的办公能够更高效地协作，它请来信息技术公司，创建了一个叫作"全球协作环境"的实时办公平台，并要求所有的供应商、合作伙伴都必须使用这个平台进行协作办公。比如，这个办公平台允许各个项目团队成员随时随地访问、修改技术设计图等工作文件。而在飞机零件投入生产之前，通过这个平台也可以很方便地检查零件所存在的问题。为了进一步保证员工间的沟通能够畅通无阻地进行，波音公司还在华盛顿的工厂建造了多媒体工作室，让大家通过这个多媒体工作室进行更高效的合作。

此外，对于零部件的组装，波音公司曾经的做法是让所有供应商把零部件运到波音的美国总部，由波音公司进行统一组装，而现在则是让一级供应商从二、三级供应商那里取得零部件，在一级供应商那里进行模块化组装，最后各个一级供应商把组装好的模块运到波音总部，在那里由波音总部的工作人员完成最后的组装。

学习了这个商业模式，我想给你的建议是，在你的行业和领域里，你的关注点不能只在一个产品或一个功能上，而是要建立一整套生态体系，以这套生态体系为基础去建立自己强大的壁垒，让别人无法超越。

16 跨界竞争模式：
商业竞争中如何展开"降维打击"？

在科幻小说《三体》的描述中，人类赖以生存的太阳系最后被更高级的文明实施降维打击，由三维降成二维，最后灭亡。而降维打击的形态，我们在商业环境中会经常看到，微信就是一个非常典型的例子。

早期移动、联通等移动通信运营商主要是根据用户通话的时长和发短信的条数来收费，而微信对原来的通信方式全部免费，通过流量进行变现。这就是网络通信方式对传统通信领域进行降维打击的典型案例。

微信不仅从通信方式上对传统通信领域进行了降维打击，而且还改变了人们的支付方式。就在几年前，人们还习惯于使用现金或者银行卡消费，但是现在大街小巷的店铺都可以使用微信或支付宝进行付款了。我们付款时最常听到的一句话就是："微信还是支付宝？"显而易见，移动支付已经在很大程度上改变了人们的生活。跨界竞争模式如下图3-4所示。

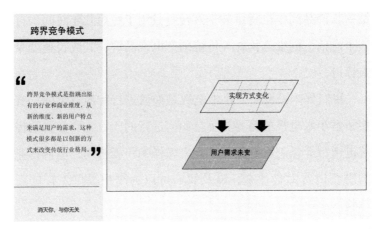

图 3-4 跨界竞争模式

所谓跨界竞争模式是指跳出原有的行业和商业维度，从新的消费特点出发，满足用户。这种模式很多都是以创新的方式来改变传统行业的格局。

跨界竞争有个比较典型的例子就是小米电视。早期的电视厂商关注的是电视功能、画质以及电视信号的提升，他们希望产品能接收到尽可能多的电视频道，并与供应电视节目的传媒集团进行谈判，协商资源。小米电视并没有遵循过去的这些原则，而是提出了互联网电视的概念，直接从云端获取大量的电视节目，并且设计了精简的遥控器，只有几个按钮，便于人们操作。

小米电视一上市，就获得了用户的疯抢，小米的跨界竞争也大获成功。2019 年小米电视的全球销量为 1046 万台，市场占有率达到 19.25%，超过了传统的电视企业。它从发布第一款产品到年出货量破千万台,只用了短短几年时间,打败了海信、创维、长虹等传统国产电视品牌,其成长速度令人惊讶。

我们具体来看一下小米电视是如何进行跨界竞争的。要想了解小米电视的跨界竞争是如何进行的,首先要弄清楚传统电视行业是怎么发展的,有着怎样的市场格局,电视行业的潜在消费力是什么,以及我们可以为用户提供怎样的新体验。

从电视行业的发展历史来看,最早的电视是黑白电视,在这个阶段,电视的使用率是很高的。然后就到了彩色电视阶段,在这个阶段,电视的画质有了非常显著的提升。随后互联网普及到每家每户,这时电视的利用率虽然还是很高,但是比起之前已经有所下降。再后来就到了智能电视阶段。在智能电视时代,电视上不仅有各个传统的电视频道,还有可以回放、点播的综艺节目、电影、电视剧等网络节目。由于大屏幕的展示效果比手机、电脑好,所以电视的使用率依旧比较高。但是,从电视机市场来看,从2016年开始,电视机市场就需求不振。而且行业竞争很激烈,导致电视机产业利润率比较低,产能过剩。电视机品牌之间的竞争一般都是围绕硬件(如发光二极管、分辨率等)性能和性价比进行竞争,竞争维度非常单一,这就给小米电视这种新型电视的进入提供了机会。

在消费者的消费潜力方面,小米电视也做了研究。电视行业属于娱乐产品行业，虽然电视已经拥有一批中老年用户，但是在年轻的 80 后、90 后中，更是隐藏着巨大的消费潜力。在快速发展的互联网时代，手机、平板、电脑等设备的升级迭代非常迅速，很多功能和丰富多彩的内容已经远超电视。电视滞销的几年，正是互联网技术突飞猛进的几年，电视如果想重新夺回用户，特别是想得到年轻群体的青睐，必须脱离传统电视单一的功能，提供更多的娱乐内容，满足大众的娱乐需求。

这就为小米电视的出现铺平了道路。小米电视的价格、外观，甚至遥控器的设计等方面，都对其他品牌的电视形成了冲击。但是，使它最终跨界竞争成功的还是它提供的内容。2016 年，小米电视接入中国前三大视频网站爱奇艺、腾讯和优酷，以及其他很多内容合作伙伴如 PPTV、百事通等，让电视突破了以前卫星频道的内容和形式，成为中国最大的互联网电视内容平台。而且小米电视的电影内容还覆盖了院线非常多的热映电影。小米电视新增的这些内容，令其他传统品牌的电视望尘莫及。

另外一个案例来自汽车领域。汽车行业已经经历了上百年的发展，在最近的这几年，汽车领域却有了一些新的变化。很多硅谷或国内的互联网企业纷纷进入传统汽车企业的制造和生产领域。

这一现象的出现有以下两个方面的原因。一方面，技术的发展推动了人们对新能源汽车的使用，以及对于无人驾驶技术、汽车连接性能的改进。这都是汽车行业在技术层面发生的新的改变，而互联网企业更擅长这些新技术；另一方面，从用户的角度来说，他们对于汽车的所有权和使用权的观念发生了改变，很多用户更希望通过共享的方式来使用汽车。正是这些底层的商业逻辑和需求发生了改变，使得国内外的一些科技企业可以从另一个维度进行弯道超车，重新塑造汽车产业。

实际上，今天所有的传统车企都处在非常焦虑的状态，奔驰、宝马、通用、丰田这些传统的车企，都在思考未来的5~10年，整个汽车产业将要发生的革命性变化对他们来说意味着什么。

许多车企纷纷迈出了第一步，他们正在跟共享出行的企业建立一定的关联，要么建立合资企业，要么加强合作，或者自建共享出行的业务。这也是为应对降维打击所做的一种改变。因为未来的用户可能会使过去一百多年传统汽车行业的商业模式和销售模式发生彻底的改变。

跨界竞争的本质就是在挖掘用户不断变化的需求的基础上，以创新的技术和创新的产品，提供更好的用户体验。思考一下，在你所在的领域中，如何在满足用户需求的同时，又提供更优质的产品功能或用户体验？也许这就是你的机会所在。

17 隐形冠军模式：
如何做到闷声发大财？

19世纪中叶，人们在美国西部的加州发现了金矿，因此有大量的人冲向美国西部淘金。在淘金的过程中，有些人发现西部非常缺水，这些淘金客经常喝不到干净的饮用水，所以有人就做起了饮用水的生意。因为淘金客众多，但是饮用水的供应却非常有限，所以卖水的生意非常好，很多卖水的人因此发了大财。

在淘金的路上，真正赚到钱的人也许并不是那些淘金者，而是那些卖水的人。这个故事告诉我们，也许你从来没有关注过一门生意，也许这门生意太小太不值得你关注，但是这其中却有很多隐形富豪诞生。当一个新领域成为热点的时候，很多人会涌入这个领域，但是如果我们不是随大流加入这个领域，而是为这个领域提供服务，也许这也是一个非常不错的商机！这就是隐形冠军模式，如图3-5所示。

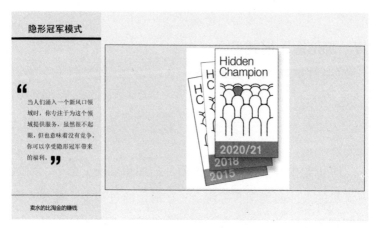

图3-5 隐形冠军模式

我们来看一个例子。在前两年大众创业、万众创新的热潮下,有一大批人投入创业的行业中。许多创业公司为了企业的发展会进行大量的融资,而在融资的过程中,创业公司通常会找专业的机构帮忙,这些机构就是融资顾问。

最后,有些创业者创业成功了,也有大量的创业者创业失败了,但是对于融资顾问来说,他们的资金是有保证的。他们按照为创业者提供的融资金额收取一定的佣金,不管创业最后成功与否,他们在这个过程中都赚得盆满钵满。他们也跟在淘金过程中卖水的人一样,借助行业的红利发展了自己的周边生意。

再如,自2013年微信开始商业化发展以后,很多企业开始通过微信开店和营销,这时候就有一些专门机构帮助这些企业在微信上开店和开展互联网营销的工作;小程序兴起的时候，又有一些机构专门帮助这些企业提供小程序的开发和运营工作。在这个过程中也会形成一些隐形冠军，微盟正是这样的公司。微盟这家公司已经于 2019 年在香港上市，它也是淘金路上卖水的人。

微盟看到的是很多公司遇到的难题。在日益完善的微信平台上，微信为企业和用户打破了时间和空间上的限制，使移动互联越来越深地影响现代企业的运营。微信作为拥有 10 亿用户流量的平台，是移动互联网最大的接入口，于是中小企业纷纷将营销投向成本投入非常低的微信小程序。但是微信营销是一种新的方式，缺乏丰富营销经验的小公司很难利用好微信平台，而微盟正是为了满足这些小型企业的营销需求而诞生，成了一家为中小企业提供云端服务和营销方案的公司。

根据 2019 年微盟发布的财报，微盟 2019 年营业收入达到 14.37 亿元，同比增长 66.1%，与此同时，经调整，其净利润突破 3.11 亿元人民币。微盟从亏本到大大盈利，其营业额的增长速度让人咋舌，也让人看到隐形冠军模式的价值。

同样，在制造业也有这样的企业。福耀玻璃作为一家汽车玻璃的生产厂商，也是全球范围内唯一一家只做汽车玻璃的企业，它也是隐形冠军。福耀玻璃目前的市场占有率已经达到全球的 2%，在中国市场排名第一。几十年来他们只生产汽车玻璃，过去几十年汽车产业的高速发展期也是他们的红利期，而且正是因为福耀玻璃只专注于汽车玻璃的生产，使得他们的做工和管理能够做到精益求精。因此，其同行的净利率可能只有个位数，而他们的净利率可以达到15%~17%，这是专注的结果，也是隐形冠军模式带来的价值。

我们发现，福耀玻璃和那些处于产业链下游的工业制成品和消费品企业不同，它位于产业链的中上游，为产业链下游的公司提供产品。它的规模不是特别大，其名声在普通大众心中也不高，因为它永远站在产业链的背后，我们从最终的产品中是无法直观感觉到这家企业的存在的。但实际上，正是因为有了福耀玻璃这样的企业作为纽带，汽车的产业链才得以完整。而且，当今各国政府一直在推动产业升级，对全球自由贸易的保护力度也越来越大，这使得站在产业链背后的福耀玻璃等企业的重要性越来越凸显，它们的发展也有了保障。

不要看站在产业链背后的企业很不起眼，但其实这些行业的准入门槛是不低的。比如福耀玻璃，首先，它具有非常优秀的技术研发能力，以保证它能够持续地根据需求开发新的产品。这些技术不仅要符合行业的技术规定，其生产成品还要通过严格的行业认证。其次，它还有即时供货的能力，并能实施精细化管理。最后，这些行业的生产启动成本是非常高的，这对想要在这些行业中占有一席之地的企业提出了不小的挑战。

而福耀玻璃专注于汽车玻璃，几十年的沉淀，使它成为这一缝隙行业中的领袖。要知道，福耀玻璃是生产汽车玻璃的公司里唯一一家只生产汽车玻璃的公司。

　　思考一下,你所在的领域,有没有新兴的、众人关注的风口或机遇?那么,试想一下,你能否另辟蹊径,为他们提供一些产品或服务?也许这就是你的机会所在。

18　异类突围模式：
对手太强，该如何应对？

我想请你思考这样一个问题，如果在一个行业里，已经有一批领军者占据了市场的主要份额，作为一个新加入者，你怎样开展业务？怎样获得用户的认可？我们来看这样一个例子。

这个例子来自瑞士的钟表行业。传统的钟表企业追求的方向是极尽奢华，手表做得越奢华，档次越高。但是有这样一家公司却反其道而行，这家公司就是斯沃琪（Swatch）集团。斯沃琪集团在做钟表业务的时候，他们的定位跟其他的钟表集团有所不同，其他的钟表集团定位于奢华，而斯沃琪却走了一条时尚的路线。它追求的是手表价格不贵，但是款式多样，可以使手表作为一个时尚品来佩戴。斯沃琪的做法使得手表由原本奢华、高端的形象变成了一种时尚的流行配件。斯沃琪集团向消费者广泛宣扬一个叫作"第二只手表"的理念，引导消费者拥有这样一块既时尚又不贵，还可以经常替换的手表。这种独特的商业定位和模式，让斯沃琪在瑞士众多的钟表企业当中占有了一席之地，而且越来越受年轻用户的喜爱。

这就是异类突围模式。异类突围模式的特点是，在原本的市场中，用户对这个行业里产品的品质、成本、价格等方面，已经有一定的基本认知了，作为一个新进入者，需要另辟蹊径，找到独特的点，作为自己的定位，从而满足用户的差异化需求。异类突围模式如图3-6所示。

图3-6 异类突围模式

异类突围模式除在钟表行业外，在其他的行业也能看到这样的案例。比如说在化妆品行业，有一家公司，名字叫作The Body Shop。The Body Shop独特的运营模式来自它创始人的战略规划。其创始人曾经说过，"我们看到了化妆品行业的发展方向，但是我们选择了相反的路"。

对于化妆品公司来说，广告开支往往是重要的预算开支。然而The Body Shop日常的广告开支只占一般化妆品公司的五分之一，这是它的第一个差异点。第二个差异点是The Body

Shop 坚持所有的产品都不使用动物测试，并且只用天然的原材料。虽然 The Body Shop 的商业理念在化妆品行业来看有些古怪、有些异类，但也正是因为这种独树一帜的风格，让它开创了一片属于自己的新天地。

其实 The body shop 是在倡导它的"绿色营销战略"。其理念在于保护和提高消费者利益和社会利益，并希望能比其他的竞争者更好地满足市场的真正需要。The Body Shop 在这种理念的指导下，开展过一系列的社会活动。这些社会活动经过媒体、大众、消费者的多方传播，塑造出一个有爱心、有社会责任感的企业形象，这样的形象也得到了人们高度的认可及巨大的市场回报。总体来说，The Body Shop 是世界上成长速度最快的化妆品品牌之一。

The Body Shop 有五大产品理念。第一是社区公平贸易理念。从 20 世纪 80 年代开始，The Body Shop 就会派工作人员到世界各地，与当地的社区定下公平互惠的贸易协定，从这些底层部落、组织或弱势群体中购买原料。这样做一方面降低了企业的成本，另一方面也可以实现帮助他们改善生活的目的。

第二个产品理念是拒绝动物实验。他们不但自己绝不用动物来进行测试，同时也拒绝购买任何做过动物测试的原材料。无论哪一种产品、哪一个阶段，The Body Shop 一直把这一理念奉为品牌发展纲领，对其十分重视，并将其应用到产品生产上，坚持使用纯天然的原材料，并用其他科技手段来代替动物测试。

第三个产品理念是唤醒自觉意识。这里的自觉意识主要是指女性的自觉意识。The Body Shop 非常支持女性的合法权利，他们通过各种方式在社会上支持女性的发展，包括用投票、广告、现场宣传、举办活动等方式，来反对性别歧视、家庭暴力和虐待儿童等现象。值得一提的是，他们还反对在广告中使用完美的女明星做产品代言人，他们用这种方式表示女性可以是不完美的，不那么美丽的女性也可以拥有自信。

第四个产品理念是维护人权。The Body Shop 非常重视人权，他们相信天赋人权。他们会通过各种方式来倡导或宣扬言论自由、财产所有权、受教育权、工作权、医疗权等权利，并一直努力帮助难民、儿童、妇女等弱势群体。

第五个产品理念是保护地球。除在产品原料上使用纯天然材料之外，The Body Shop 还在产品包装上采用 3R 原则，即 Recycle（再回收）、Reuse（再利用）、Refill（再填充）。这说明 The Body Shop 不会在破坏自然环境的前提下进行生产。

The Body Shop 在这五个产品理念的指导下进行生产，搭配清新自然的产品外形，从而达到与众不同的产品宣传效果。这更助力了 The Body Shop 的形象塑造。在价格上，The Body Shop 在省下广告费之后充分降低了价格，使得他们的产品更受学生一族的欢迎。

在今天越来越多的年轻人倡导环保理念的大环境下，很多年轻人更倾向于使用 The Body Shop 的产品，因为他们在理念上是契合的，这给 The Body Shop 开辟了更广阔的天地。

当你的企业在使用异类突围模式时，我想请你思考这样几个问题。

第一，你一定要关注整个行业发展的大趋势，而不能只知道闷头做一个异类的东西。

第二，要关注用户尚未被满足的那些需求，去挖掘其中的隐藏点。

第三，不断地去尝试和探索用户的差异点，并用你特立独行的定位去迎合这些用户的差异点。

当今社会，用户需求和品位的变化速度越来越快，这样的变化其实为我们采用异类突围模式创造了很好的先决条件，正因如此，你才能够在其中找到你的机会和狭窄的定位点。

19 付费墙模式：
如何抓住最优质、最核心的顾客？

互联网时代，商家各种免费手段大行其道，但天下没有免费的午餐，很多时候免费带来的是无效信息和低品质商品。在消费升级的时代，越来越多的人开始追求一种高品质的生活状态，他们情愿为高品质的商品或服务支付更高的费用。这就是这一节要介绍的商业模式，叫作付费墙模式，如图3-7所示。

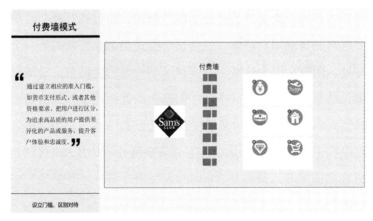

图3-7 付费墙模式

我们先看一个来自零售业的例子，即美国的山姆会员店，它是沃尔玛旗下的一家仓储型超市。山姆会员店的运营方式和其他超市有所不同。比如家乐福这样的超市，每天会通过推出一些低价商品来吸引消费者采购。然而山姆会员店宣扬的是一种高品质的生活方式。不是每个人都有资格在山姆会员店消费。在中国，你必须每年花 260 元获得山姆会员店的会员资格，才可以到山姆会员店消费。

在山姆会员店刚刚进入中国的时候，经常看到有很多人在收银台排队，但是到了结账的时候，收银台的服务人员告诉他说，对不起，因为您没有会员卡，所以无法为你提供商品买卖的服务。很多人就会觉得很奇怪，我们已经买了这么多商品，为山姆会员店创造了这么大的价值，它却不接受，觉得美国人做事死板，但其实这正是山姆会员店的经营逻辑。

山姆会员店通过会员制的方式，设定了高高的付费墙。付费墙帮助山姆会员店进行了客户筛选，捕捉到对商品品质要求高的高端用户群体，这是这个模式为企业带来的第一个好处。同时，因为这些用户支付了 260 元的会员费，对他们来说已经付出了沉没成本，他们就会因此而更多地到山姆会员店采购。借助这种付费墙模式，截至 2019 年，山姆会员店已经在中国开了 26 家店，拥有会员数超过 150 万人，仅仅会员这方面的收入就高达 3.9 亿元人民币，而且这些都是进账的纯粹收入。

这就是山姆会员店与其他零售超市的不同之处，它通过付费墙模式把用户牢牢锁定，同时为用户提供高品质的商品，在行业生态链里形成了一个闭环，达到了它所设定的目的。

我们来总结一下付费墙模式：商家设定一定的门槛，这种门槛可能是货币支付形式，也可能是其他形式。只有通过了门槛才能进行消费，而商家为这群人提供高品质的商品或服务，维护了客户的忠诚度和黏性。这就是付费墙模式所产生的价值。

还有一家将付费墙模式运用到极致的美国企业——Costco，这家会员制企业也备受大家推崇。当他们的第一家门店在中国开业的时候，还出现了门店被挤爆的场面。

付费墙模式不仅被运用在零售行业，现在很多媒体网站也在采用付费墙模式，如彭博社（Bloomberg）。用户每个月需要支付30多美元的费用，才可以进入彭博社。这里为用户提供最专业、最准确的商业财经信息，而且用户还可以参加彭博社举办的线下活动。而没有付费的用户，每月在彭博社的阅读篇数被限制在10篇。正是通过这样一种方式，彭博社把人群进行了区分，那些希望获得高品质财经信息的人也因此获得了他们想要的东西，这又形成了一个封闭的生态系统。

和彭博社相似的还有财新网。财新网由财新传媒创办，是一家新闻资讯网站，它整合了资讯、各业观点、互动信息等内容。财新网每天都会发表一些原创文章，这些原创文章一般由优质作者执笔，用专业和客观的眼光带领读者分析财经、政治热点，为政界、金融界、学界、商界等人士提供优质的阅读内容以及高品质的金融信息服务。财新网于2010年1月11日上线，2017年11月6日开始采用全新的商业模式，启动了财经新闻付费墙收费模式。

其实很多西方知名媒体网站都是采用付费墙模式的，如网络版《金融时报》的订阅价格为每周 4.75 英镑。至于为什么这样的收费方式可以强有力地和免费网站进行竞争,是因为这些付费网站的内容更为精心和优质,而他们所专注的领域内的目标用户较为高端,这些精英用户的时间非常宝贵,他们愿意花钱买时间,而不是浪费时间看一些便宜但劣质的内容。因此,他们是愿意为有质量的文章和信息付费的。正如彭博社主编 John Micklethwait 所言,高品质的阅读内容对于高端人士来说是刚需,他们生活的世界是知识经济的世界,对他们而言比金钱更重要的是时间。

但同时,付费墙模式在媒体网站领域不是没有失败过。例如,《纽约时报》网站在刚开始实施付费墙模式的时候就经历了阅读量骤减阶段,相当一部分消费者流向了免费网站。但是慢慢地,等用户沉淀下来以后,其付费模式所带来的收益就成了所有盈利来源的核心。

可以看到,这样的付费墙既是一道区分内容优劣的门槛,也是一道区分客户群体的门槛,这道门槛使得网站和消费者做了一个双向选择,保证了付费阅读网站的营收。

在互联网时代,付费墙模式也是保证这些媒体网站在各种免费资讯网站的夹击下继续存活的手段。在搜索引擎技术越来越发达的今天,读者只需要用关键词一搜就能搜索到来自各种免费网站的免费信息,这其实打破了传统纸媒中作者生产和受众阅读之间的联系,是不利于优质原创内容的发展的。媒体网站的付费墙模式重新让原创内容的发展生态变得健康起来，让内容原创者能够获得相应的报酬。

此外，由于这些媒体网站大多是以纸媒为前身的，有一定的历史积累和读者基础，也有一定的品牌基础，这为它们运用付费墙模式提供了保障。

付费墙模式给予我们的启发和借鉴如下。

如果在现有的商业环境中，我们把客户群体进行足够的细分后，能通过一些特殊的方式满足某一群体，比如通过提供更高品质的产品或服务，形成一个独特的社群或社区，那么这就是我们可以挖掘的机会所在。

在社群形成的过程中，需要设定一定的付费门槛，将目标群体跟大众进行区分，但是要为这个群体提供相应品质的产品或服务，让他们感觉到与众不同。

在这个过程中，还要分析企业的整体盈利模式是否足以支撑付费墙模式的运用，一旦用户觉得产品或服务并没有达到他们的预期，那么付费墙模式反而会成为我们的绊脚石。

同样，也有很多企业开局很好，但因为缺乏锁定用户的机制，最后被竞争对手慢慢地蚕食。

相信付费墙模式还会在越来越多的行业中得到应用。未来的用户一定会越来越细分，针对不同用户群体提供不同品质的产品将成为一种必然，这种必然是企业生存的需要，因为企业需要盈利；同时也是用户的需求，因为人们将更加懂得为价值买单才是真正的节约。

20　隐性附加费模式：
从客户那里赚更多钱的方法

在今天市场竞争日益激烈的情况下，每一家企业都在思考如何从用户身上获得更多的利润。我们来看一下这样一个场景。

你住在一家五星级酒店，晚上觉得非常无聊，肚子也有些饿了，你想弄一点小零食来充饥，这时候你打开了酒店的小冰箱，冰箱里有饮料、干果和巧克力，于是你拿出了一块巧克力。

这块巧克力在超市的价格通常只有10元，而今天上面的标价是30元。你觉得饥肠辘辘，又不愿意出去购买，于是你打开巧克力吃掉了。结果第二天在你结账的时候，你的账单上多出了30元。对于酒店来说，这个30元的产品利润率可能达到了200%到300%。这就是隐性附加费模式，如下图3-8所示。

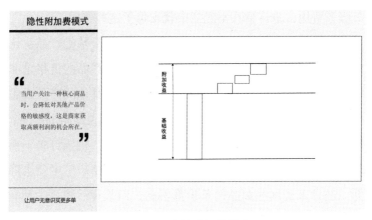

图 3-8　隐性附加费模式

当你消费一个基础产品的时候，你可能会对这个基础产品很敏感。比如酒店房间的价格、地段等。你精挑细选，花费了很长时间选择了一家酒店，但是当你在酒店消费附加产品的时候，你的考虑就不会有那么多，你的价格敏感度也会降低，因为相对来说这些附加产品的金额都不高。在这个过程中，对于酒店来说，它的总收入却增加了。虽然这个商品的单价不高，但它的利润是足够高的。

在生活中这样的例子还有很多，比如你去电影院买电影票的时候，可能会为电影票的价格是 35 块钱还是 38 块钱而纠结半天，可是当你真正进了电影院，去买爆米花或者可乐的时候，你对它的价格敏感度就会降低，可乐和爆米花的价格也许是平时的三到四倍，但是你也会欣然接受。

还有一个典型的例子就是网络购票。例如，你在携程购买机票的时候，如果你细心一点，就会注意到在订单的下方有很多勾选项，包括意外保险、当地的景点门票以及一些租车服务费用，也许你在不经意中就支付了这些费用。

隐性附加费模式总结起来说就是，有一个基础产品，比如酒店的房间、电影票等，用户对这些基础产品的价格是非常敏感的，如果价格定高了，客户就会选择其他的产品或服务。但是在这个基础产品之外，还会有一些相关的附加产品，比如酒店小冰箱里的商品、电影院的爆米花、机票订单下面的勾选项产品等，用户对这些附加产品的价格敏感度就会降低。通常来说这些商品的单价都不高，但是背后隐藏的利润率却非常高，对于企业而言，通过这种隐性附加费模式，就可以从用户手中获取更多的利润了。

除此之外，当你使用企业软件的时候，企业会给你提供一些基础的功能，使用这些功能是免费的，但之后又会增加一些附加功能，这是要另外收费的，这也是一种隐性附加费模式的运用。

还有一种情况。当你选购机票时，你会觉得廉价航空便宜，比如某机票的价格只有 499 元。但是当你真正开始你的旅程时，你会发现托运行李要另外支付 100 元，在飞机上面用餐时，还要另外支付费用。而在支付这些费用的时候，你就不会那么敏感。这一系列的消费都是隐性附加模式带来的价值。

这个模式对于我们的启发就是，在你的产品或服务中，你首先要区分出哪些是必需的、刚性的基础产品或服务，然后在这个基础上还有哪些附加产品或服务，最后把它们叠加起来，提供给用户。基础产品是必选的，附加产品是用户根据自己的需要自主选择的。从这些附加产品或服务上，你就可以获取更大的利润。

第四篇

科技驱动篇

CHAPTER 4

21 分布式产权模式：
改变用户购买观念，赢得市场

请你思考一个问题：滴滴、Uber 或 Airbnb（爱彼迎）这些企业背后有什么共通的特点？有什么商业模式上的创新？你可能会说它们都是共享经济的代表企业。的确，它们都是共享经济领域的龙头企业，但在它们的背后有什么共通的、本质的东西？

我曾经在我的另一本书《共享经济大趋势》中，对全球超过一百家企业共享经济模式背后的商业本质进行过研究。我们发现，这些共享经济企业，它们商业模式成功的一个非常重要的点在于，它们将企业的产品或服务的使用权和所有权剥离开了。

你可以不用拥有一辆车，但是你可以使用它帮你从 A 地到达 B 地；你可以不拥有一套房子，但是你可以在出行的时候使用它的空间，这就是共享经济给我们带来的一个重要的变化，即所有权和使用权的分离。

过去几年，大家对于共享经济有很多争议，因为有很多打着共享经济旗号的伪共享模式，它们并没有创造更多的价值。然而那些真正创造价值的共享经济，其所有权和使用权的分离能够让用户以更低的成本享受想得到的服务，从用户的角度来说他们获得了更好的体验。

另外，越来越多的年轻人对生活的追求跟之前相比已经发生了很大变化，他们对物质的追求不再像过去的人们那么强烈，他们更倾向于一种极简的生活方式，而更多的是追求精神层面的满足感，所以他们可能不再迷恋对物质的所有权。

所有权和使用权的分离，使我们每一个人都成为"产消者"：既是消费者，同时也是生产者和价值的创造者。例如，你拥有一辆车，你就可以使用这辆车为别人提供服务，获得相应的收入；你拥有一套房子，你就可以提供给那些旅行的租客使用，你也在这个过程当中获得收入，这就是所有权和使用权的分离所产生的价值。

今天，很多商业模式需要创新，是因为用户的需求在发生变化。一个非常典型的例子就是汽车行业，这一点我们在前面的案例中已经提到过。汽车产业未来5~10年可能面临这样四种变化。

第一个是C，即connect，是说汽车会变成一个巨大的连接器，就像我们今天使用的手机一样。第二是A，即automatic，是说汽车的自动驾驶功能会被越来越广泛地应用。第三个是S，即share，代表汽车就是一个共享服务的载体，未来的汽车会提供更多的共享服务功能。第四个是E，即electric，代表电动汽车数量会越来越多。

这四个方面带来的变化就是，未来的用户可能根本不需要拥有一辆车，只需要使用一辆车帮他们从 A 地到达 B 地。未来在路上跑的无人驾驶车辆随时可以让我们从 A 地到达 B 地，车辆可以变成我们的任何场所，可以是我们的工作场所或与别人沟通的场所。未来汽车产业发生的变化对于今天车企的挑战在于，未来的年轻人购买车辆的比例会越来越少，而且这种趋势在美国已经出现，中国最近几年乘用车的销售量增长速度也已经有所放缓。

这一系列的问题预示着传统车企的商业模式面临着巨大挑战。很多传统车企已经在尝试转向共享出行领域，将车辆的所有权和使用权进行分离，比如吉利汽车的曹操专车等。上汽也推出了一系列如 EVCARD 这样分时租赁的租车形式，这些都是传统车企在不断创新商业模式去应对时代的变化和挑战。

除共享经济之外，使用权和所有权的分离也在其他的行业和领域中得到应用，比如服务器行业。今天很多企业已经在使用类似于阿里云、腾讯云这样的服务，但是以前互联网公司和软件公司需要购买或者租用服务器。服务器的管理需要投入非常多人力，因为要确保它的安全性。而现在企业可以把信息库放在阿里云上，企业不必拥有它，只要根据需求按需索取就可以了。这个模式给企业带来了极大的便利。

这样一来，企业的运营成本大幅度降低，小公司也可以根据自己的需求用上安全性极高的云服务，同时不需要用很多的人力去做维护和管理的工作。这个模式的背后也是所有权和使用权分离的尝试。

在使用权和所有权分离的过程中，出现了两种角色，一种是平台方，把使用权和所有权关联起来；一种是商品或服务的供应方，把商品以使用权的方式分发给消费者。共享单车就是把所有权切割成一个个小的使用权分发给用户的例子，这也是使用权和所有权分离带来的价值。分布式产权模式如图 4-1 所示。

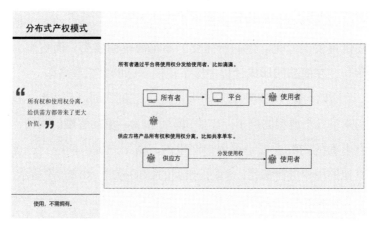

图 4-1 分布式产权模式

在你的企业中，如果你想采用这个商业模式，你应该思考如下几个问题。

第一，在你的行业中，能否把产品的使用权进行分割，卖给你的消费者，让他们用极低的价格享受到服务？

第二，你在这个过程中能否真正创造价值，并确保用户黏性？虽然每一次分割带来了使用金额的降低，但在这个过程中，你获得的收益却因为用户使用频次的增加而增多了。

22 UGC[①] 模式：
你以为消费者只停留在消费和使用商品上？

通常，企业和用户的关系就是企业生产、交付产品，而用户付钱获得想要的商品或服务。时代在变化，用户的需求也在慢慢发生变化。他们所需要的不是简单的接受，而更想去参与，在商品的形成过程中留下他们自己的思想或烙印。

所以，在互联网时代，有大量的 UGC 模式的产品产生，我们来举几个典型的例子。比如知乎，作为一家问答型的网站，它上面的内容主要是由用户产生的，由用户提出问题，也由其他的用户进行解答，这就是典型的UGC模式，如图4-2所示。

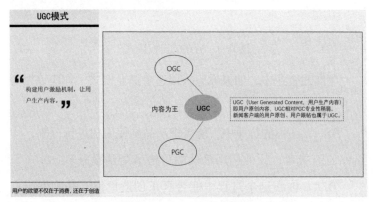

注：OGC（Occupationally-generated Content），即职业生产内容。
　　PGC（Professional Generated Content），即专业生产内容。

图 4-2　UGC 模式

---

① UGC：User Generated Content，即用户生成内容。

另外，像 YouTube 这样的视频网站，所有的视频都是由用户发布到网站上，然后给其他的用户观看。包括我们使用的微博、抖音，也是用户在记录自己的生活。还有大多数人每天在看的朋友圈自媒体文章，也是 UGC 模式。UGC 模式大行其道，其优势在于，让用户有充分的参与感，感觉到个体的价值。

如果用户生产的内容被很多人看到、回复或评论，用户就感觉他生产的内容是有价值的，他会愿意花更多的时间去生产这样的内容。同时，用户感受到了他的个体价值，他在这个平台上的黏性就会越来越强。

除此之外，在手机制造业也有 UGC 模式的一些演化，如小米手机。小米的"米粉"，即小米用户，在小米产品的诞生过程中起到了非常重要的作用。

在小米创立早期，小米的 MIUI 操作系统还处于研发阶段，他们创建了一个巨大的 BBS 网站，小米用户或潜在用户会在网站上对小米的 MIUI 操作系统提出一系列建议和批评，这些建议和批评对小米操作系统的形成和完善提供了非常有价值的帮助，所以小米手机上市以后，很多"米粉"就会有非常强的参与感，他们愿意向身边的人推荐这款产品，这就是 UGC 模式的优势在产品上的体现。

同样，另外一家生产儿童产品的超级大公司乐高公司，也同样是 UGC 模式的受益者。早在十几年前，乐高就开始尝试使用 UGC 模式，推出了乐高工厂。

在乐高工厂中，用户可以自己组装他们设计的乐高套件，并且进行在线订购。他们可以使用乐高的设计师使用的软件，用这款软件创造自己想要的玩具建筑物、汽车或者其他的主题人物等。他们还可以从数千种组件和不同的颜色中选择搭配，甚至可以决定这件商品的包装，包装盒的样式也可以让用户自己设计。

此外，乐高还建立了一个叫"Cuusoo"的网站，让乐高积木发烧友们聚集在一起进行沟通和交流，并展示自己的设计作品。乐高官方会从中挑选优质的设计投入商业化生产。乐高会通过一些手段不断鼓励用户去进行创造，激发他们的创作欲望，从而搭建更好的UGC生态。

通过UGC模式，乐高把被动的用户变成了主动的设计者，让他们参与到乐高的设计和创造中来。在这个过程中，这些用户对乐高品牌的黏性又进一步增强。我们也看到了UGC模式所带来的价值。

有一个叫简书的网站也是践行UGC模式的典型例子。简书是2013年创立的，最初是一个标记语言式的内容写作工具。逐渐地，它发展成了一个庞大的UGC内容社群，这个社群中的内容是由大量的草根用户自己创造的，包括小说、漫画、诗歌、代码、职场故事、电竞等各种类型、各个领域的原创作品。这种大量用户同时阅读、同时写作的情形，大大提高了简书内容生态中的"作者和读者比"。

在简书的UGC社区，不同标签模块的用户生产的内容会产生滚雪球效应，带动越来越多的人进行生产和阅读。例如，在程序员社区，就有很多程序员每天进行大量的内容生产，现在这个程序员社区已经成为简书最大的社区。而简书 UGC 的内容甚至赶上了 CSDN（中国开发者社区）这样的垂直社区，成为许多三、四线城市程序员的信息获取渠道。对于程序员这一不善于表达和沟通的群体，简书已经凭借 UGC 模式成了他们表达、沟通的自留地。

它的漫画、小说等模块也吸引了很多用户，甚至由此产生了"催更"文化，即读者会催着内容生产者写新的内容。实际上，在简书阅读某位作者的内容已经成了这些"催更"读者的习惯，他们甚至会每天固定频率来简书进行浏览和阅读。而更新内容在某种程度上对作者来说也是一项任务。这样的内容生产者和受众直接接触的方式，拉近了他们之间的距离，也形成了良好的 UGC 生态。

UGC 模式带给简书的红利是很大的。简书的界面非常简洁，很少有广告，这给用户提供了一个良好的界面环境。除大量的内容生产之外，简书的 UGC 系统还越来越往垂直方向上靠拢，如小说连载、漫画交流、程序员交流等社区，都在变得越来越垂直。当垂直体系的质量越来越高时，其变现的价值也将越来越大。

比如作者在有了读者基础之后，可以将自己生产的内容设置为付费作品。在简书上有很多这样的原创付费作品，作者都拥有一定数量的读者，这说明用户是愿意为这些 UGC 内容花钱的。付费阅读就是内容变现的一个例子。

对于平台上优质的原创内容，简书还会和作者签约，将其转变为平台的签约作者，共同创作更优质的产品。其中最优质的那些作品，简书还会拿来做成书籍、影视剧等。

此外，UGC 平台中聚集的大量用户也自带变现功能，如程序员社区，由于聚集了大量的程序员，他们的日常沟通让这个平台自然而然地形成了一个具有招聘功能的社区。这些用户的交流可以从线上转移到线下，而线下聚集在一起的活动又可以跟一些品牌营销结合起来。

简书的用户主要集中在三、四线城市，简书能够吸引这部分数量庞大的用户，主要就是靠它"用户生产内容"的草根模式。而这种草根模式也给简书的变现带来了各种各样的方式和方法。

UGC 模式不仅体现在互联网行业，在很多传统行业中，也可以让用户参与整个产品的设计、生产、包装以及交付的过程，在提升用户参与感的同时，也进一步提升了用户黏性和忠诚度，这对于企业来说是非常有价值的。而且用户的参与也可以降低企业自身的运营成本，这对于企业来说也是一种非常好的收益途径。

如果你也想在你的企业中采用 UGC 模式，我想给你以下几个建议。

第一，运用 UGC 模式很重要的一点是要设计好用户的激励机制。在这个过程中，用户为什么愿意上传信息，为什么愿意设计产品，这其中的价值在哪里？是因为获得了额外的收益，还是因为在分享的过程中得到了别人的认可？激励机制是驱动每一个个体参与创造过程的非常重要的因素。

第二，要做好冷启动，也就是说早期必须要有一批种子用户，这些种子用户在参与这个商业模式的过程中会影响到更多的人参与其中，这也是一个非常重要的因素。

第三，作为运营方，一定要设计好你的内容，以及一系列标准化建设，这样才能让你的用户更好地发挥他们的价值。

23 效果交易模式：
什么是比精准还精准的交易方式？

这一节的商业模式首先从一个案例开始。巴斯夫是全球最大的化工企业，曾经为汽车企业提供汽车上漆和印染服务。在这个过程中，它采用了这样一种合作方式，他们不是简单地把汽车涂料卖给汽车生产企业，而是在企业给汽车上漆的过程中提供现场指导，通过现场指导，让企业能够更专业、更经济地为汽车上漆，以此大量节约了漆的使用，而不是销售更多的漆给汽车企业。

这样做的价值对于汽车企业是非常明显的。可对于巴斯夫，这其中产生的价值是什么呢？巴斯夫的收入来源是汽车企业，这样高效、经济、专业的上漆服务所节约的成本，其中一部分比例是会分给巴斯夫的公司的。所以在这个过程中，巴斯夫不是简单地卖出了一件商品，而是对最终上漆服务的服务结果作出了承诺和保证。这就是效果交易模式，如图4-3所示。

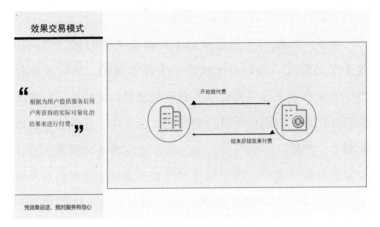

图 4-3 效果交易模式

在现实生活中，还有很多企业或行业在应用效果交易模式，其中一个很典型的领域就是招聘领域。当你使用猎头公司帮你招聘优秀人才的时候，不是人招募好了就马上给猎头公司付钱，而是当受聘者进入公司，通过了试用期，公司觉得这个人还不错，决定录用此人时，才根据受聘者年薪的一定比例，向猎头公司支付费用。

国内的猎头公司绝大多数都采用效果付费模式。猎头公司与企业签订合约后，为了保证招聘职位的真实性，企业需要支付一定的预付金。预付金没有硬性规定，一般在10000元左右，但有很大的商量空间。等猎头公司帮企业招到人并被成功录用，猎头公司就会一次性向企业收取剩下的费用，总费用一般是所招人才年薪的25%到35%。所以效果交易模式能够让猎头在选人的时候，确保这个人真正适合这个企业，这就是效果付费模式所带来的价值。

很多咨询公司在为企业提供咨询服务的时候，也采用效果交易模式。他们会先收取一个基本费用，然后承诺你当年的业务收入会因咨询服务而取得增长，比如从一亿元增长到五亿元，咨询公司就按增长的4亿元中一定的百分比收取酬金。此外，一些咨询公司还有专家驻场咨询服务，即让专家亲自到企业中，给出改善方法并负责具体落实。这种服务一般每个月都按效果收费，每一项服务的具体价格是不同的。

这个模式将企业和咨询公司牢牢地绑定，因为效果是咨询公司承诺的，企业也更乐于接受这种服务。在这个模式中，服务提供方的收入来源是他提供的服务真正为你的企业创造的价值，或是增加收益，或是节约成本，然后再根据价值收取相应比例的提成。

效果交易模式对于甲乙双方来说都非常合理，特别是对甲方企业来说，因为这个模式会让甲方利益更加有保障，这就是效果交易模式给用户带来的信赖感。效果交易模式对有些产业带来了革命性的变化，其中变化最大的行业是广告业。

传统企业的广告投放只能依赖市场人员的经验，他们先进行用户分析和市场分析，然后投入大量资金，开始进行广告行为。广告的效果到底如何是很难预测的，只能通过经验来判断。但是今天在互联网条件下，广告业就可以采用效果交易这个商业模式。互联网能够通过大数据分析或者提取标签的方式，精准地定位到用户，公司可以根据广告真实产生的效果来收取相应的费用。

在运用效果交易模式的过程中，产生了很多专业名词，比如 CPM 是指按千人浏览次数收费，CPC 是指按每次点击收费，CPA 是指按转化收费，即当用户有了一个行为，如注册、下载一款软件等，我们可以根据这种行为的效果来付费。CPA 是更为直接的效果付费，CPA 所统计的效果包括用户注册数、有效问卷数、提交订单数和下载数等，然后按照切实存在的用户行为来付费。还有更直接的 CPS 方式，即按用户真正产生的购买行为来付费。

这样做的好处在于，对于广告主来说，他做出的每一笔投入，都能够切切实实看到用户的反馈。朋友圈的广告就是一种典型的 CPM 广告，一个 CPM 广告大概收费 100~150 元，这个价格跟其他一些平台比是相当高的，即便如此，很多广告主也都争先恐后地去做。

效果付费广告在传统 CPM 广告的基础上不断发展，又产生了 oCPM 广告。在采用传统的 CPM 模式时，广告主能够直接得到一些曝光数据，他需要计算曝光数据的转化效果如何，计算出转化率以后，再结合自己所花的成本和实际情况，计算出自己的支付费用。而现在的 oCPM 模式是，广告行为的背后有专门的优化师来进行广告效果的优化。广告主只要说明自己的转化目标和预期成本，系统就可以计算出最高转化率的用户群。在这个过程中，oCPM 会通过转化率预测、当日预算消耗和动态竞价环境等多维度计算出合理的广告价格，这样做既可以保证广告主的花费不超过其预算成本，又可以保证广告主在此基础上获得尽可能多的转化量，让效果在交易中起作用。

此外，CPI 是指根据实际的软件安装量来计算应支付的广告费用，这主要用于前期获得用户。CPE 则是指按照互动来计费，其中的互动包括转发、点赞、加关注等。CPT 指的是按照移动应用的试玩量为广告计费标准，非常适合移动 App、社交应用、游戏应用、工具类应用等，可以非常有效地将刷流量等作弊行为排除在外。CPV 指的是按照广告的完整播放次数来计费，非常适合图片类和食品类广告。CPD 是按照下载次数来付费，CPP 是按照购买成本来付费，等等。从中我们可以看到，效果交易模式是多种多样的，可以满足不同广告主的各种需求。

因为这种广告投放方式更精准，可以根据不同地域、不同人群、不同标签进行定向推送，这就是效果交易模式的优势，能够产生切切实实的转化，让广告主更加心中有数。

这个商业模式给我们的启示是，如果你是服务类型的企业，你可以思考一下，你有哪些服务是可以确保为用户创造价值的？当你真正为用户创造价值以后，你再以此来收取费用。

如果你能够找到这样的服务项目,你的用户一定更乐于接受你提供的服务,因为对于他们来说,这种服务是有保障的,是可以依赖的,这也显示出你对自身服务的信心。

24 订阅模式：
快消品如何增强用户黏性？

对于一些周期性或者规律性特别强的快消品行业，有什么样的商业模式可以采用呢？

首先我们来看一家名字叫作 Blacksock 的公司。这是一家位于瑞士的公司，他们主要的产品是袜子。袜子是人们会定期购买的商品，而且袜子的差异不大，为了方便消费者选购，他们推出了一项特别的服务，叫作袜子订阅服务。

消费者在袜子订阅网站上定期付费后，每个季度都会收到 3~6 双新袜子，而且这些袜子的款式、颜色等会根据季节或者场合进行调整。通过这样的订阅方式，平均每双袜子为消费者节约了 30%~40% 的成本费用。

目前这家公司每年为来自 75 个国家的客户提供一百多万双袜子。随着业务模式的成熟，他们逐渐把产品延伸到了衬衫、T恤等这样的周期性快消商品，并为企业带来了非常显著的业绩提升。

除了这些商品之外，我想你也可能购买过这样的服务，如定期的鲜花订阅服务。你支付一定的费用后，每天或者每周就会收到一束鲜花。甚至剃须刀、纸尿布这样定期使用的快消商品,也可以采用这个商业模式,即订阅模式,如图4-4所示。

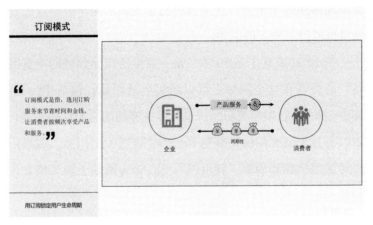

图4-4 订阅模式

这个模式的好处在于,它避免了用户的反复购买行为,而是主动为用户设计、挑选符合用户需求的产品,定期交付到用户的手中。这种做法一方面给用户提供了便利,另一方面又为用户节约了成本。而对于企业来说,它可以确保用户长期、持续性地购买自己企业的产品,这也是锁定用户的一种方式。

还有一些公司,他们在这种订阅模式上做了一些创新。比如一家叫Birchbox的网站,他们在为用户提供订阅服务的过程中,有一个非常有意思的创意,就是当用户每个月支付10美元的费用后,每个月都会收到一个粉红色的盒子,但是用户并不知道这个盒子里装的是什么。这个盒子被称为潘多拉的盒子，是给用户的一个惊喜。盒子里可能是一些非常有实用价值的生活用品、化妆品或者新奇的产品，这些产品的价值远远超过十美元。这家公司的这种做法是十分新颖的，而且也取得了较大的成功。

Birchbox 成立于 2010 年，是一家生活用品领域的垂直网站，消费者在这个网站上可以购买生活用品，包括化妆品、枕头、袜子、剃须刀等商品；也可以选择使用它的订阅模式，即以每月十美元的价格获得 Birchbox 寄送的试用品。如果用户对试用品感到满意，就可以在 Birchbox 网站上购买整套化妆品。

对于消费者来说，这个订阅模式意味着什么呢？有数据显示，2019 年美国普通工薪阶层人均月收入大概在 4000 美元，所以每月 10 美元的订阅价格相对来说比较便宜，这样一笔支出可以忽略不计甚至被遗忘，所以从价格上来说，消费者是十分容易接受的。此外很多女生可能知道，正式出售的大牌化妆品是很贵的，更别说你想买的品类有很多。而且你购买了商品后，万一这件商品不适合你，或者你觉得不好用，也是很浪费的。虽然很多化妆品厂商也会把小样送给顾客使用，但是他们送出的小样数量很少，品种也非常有限，不能满足客户的需求。相比较，花在 Birchbox 订阅服务上的这笔钱可以让你每月试用很多大牌化妆品的小样，满足了顾客的试用欲，也可以通过试用确定自己真正想购买的化妆品，这样就会避免造成很多浪费。

Birchbox 的订阅模式吸引了很多消费者。消费者购买订阅服务以后，Birchbox 也没少花工夫在产品质量上，他们用极致的客户体验留住了消费者。

首先，它的礼盒里放的小样并不是随机乱放的，在订阅用户注册时，Birchbox 会让客户填写调查表，问及顾客的身体状况、喜好等，凭借这个调查表来创建每个客户独一无二的档案，他们寄送礼盒时就根据这个档案来选择适合用户使用的产品，并且还会同时寄送产品介绍和使用建议。这样的精准投放也为顾客消除了自己从五花八门的商品中花费时间进行挑选的苦恼。

其次，在产品设计上，Birchbox 一直保持着高标准的要求，达到了让客户赏心悦目的目的。无论是网站设计、礼盒设计还是打包方式的设计，Birchbox 都做得非常精致。他们每个月都会设置一个主题，比如 gossip girl 之月、粉色之月等，盒子里还有小贺卡、优惠券，让人感受到它的贴心。顾客通过订阅模式每月定期和 Birchbox 礼盒接触，这样的客户体验会使客户黏性越来越高。

最后，通过订阅模式，消费者还有机会接触自己从来没发现过的好产品。市场上的生活用品、美妆用品太多了，消费者不可能全都去了解、使用一遍，而这个模式可能会让消费者在 Birchbox 的礼盒中发现某款自己需要的产品。

那么 Birchbox 究竟是如何实现盈利的呢？是通过消费者每月交付的 10 美元订阅费吗？当然不是。订阅服务所得盈利在 Birchbox 的盈利来源中所占的比例是非常小的，Birchbox 的绝大部分盈利来源于消费者使用完礼盒中的小样后回购的正式商品。所以 Birchbox 其实是在进行一场赌博，通过几乎不赚钱的订阅服务，赌顾客会进行回购。他们在创立公司之前就做过小规模实验，按照他们分析的数据，用户会回购的可能性非常大。最终结果不用多说，他们的预测是正确的，根据其联合创始人 Katia Beauchamp 所收集的数据，有超过一半的消费者在使用小样后会在 Birchbox 的网站购买整套化妆品。

Birchbox 还通过订阅模式成功吸引了非常多的美妆品牌，各大美妆品牌都争相和他们合作。早在 2012 年，Birchbox 就已经拥有了 10 多万名会员，与 130 多个品牌建立了合作关系，融资金额也已超过千万美元。

此外，模仿 Birchbox 订阅模式的公司也越来越多，如做食物订阅服务的 Love With Food、做食材订阅服务的 Love Your Larder、做宠物用品订阅服务的 BarkBox、做鞋子订阅服务的 ShoeDazzle、做红酒订阅服务的 Club W 等，这些都是订阅模式的应用者。其实订阅模式在美国的各个领域都很常见，这也让我们看到了这个模式被广泛运用的可能性。订阅模式给人们单调的生活带来了一丝惊喜，这也是订阅模式的创新之处。

很多企业通过订阅模式不断拉近与用户的关系，让用户不断地购买他们的产品。比如兰蔻，如果你通过柜台，或者在兰蔻的网站上做过登记，一旦兰蔻发布新产品，它就会第一时间通知你去试用或使用。

  我想订阅模式给你的启示就是，思考一下你的产品是不是易耗品，用户会不会定期使用，在这个商品的背后，能否给用户一些选择权，让用户定期收到你为用户挑选的优质产品。当然这些产品的价值要高出他单独购买这些产品的价值，而且要让用户感觉到，你提供给他的产品确实是物超所值的。如果能做到这一点，你就可以牢牢地锁定用户，让他们成为你持续的收入来源。

25 隐性营销模式：
让客户不知不觉下单的秘籍

不知道你有没有过这样的行为：你看了一篇公众号文章，这篇文章是讲睡眠的，而且你正好有睡眠问题，你感觉这篇文章写得特别专业和有价值，所以就不知不觉地一直看下去。在这篇文章的最后，他又介绍了一款有助于睡眠的商品，比如说一个枕头，这个枕头可以让我们入睡更快。当你读完这篇文章的时候，你被他文章里观点所打动，最后点击阅读原文或者图片跳转到这件商品的购买界面，买下了这款枕头。

这就是我们今天在很多场合经常看到的隐性营销。用很隐蔽的方式，通过内容把产品销售出去。内容为王，这句话在今天一点都不为过，很多时候用户很抵触赤裸裸的广告行为，而更容易通过内容的阅读不断地获取价值，最终作出购买商品的决定。隐性营销模式如图4-5所示。

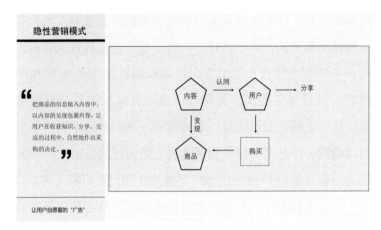

图 4-5　隐性营销模式

提到隐性营销或者内容电商，有一家网站的名字不得不提，那就是小红书。小红书最初从社区起家，用户在社区分享他们在海外购物的一些经验。后来小红书上又出现了很多关于运动、旅游、家居、酒店、餐馆这样的信息，这些信息触及消费的各个方面。

小红书上汇集了用户和 KOL（意见领袖）的亲身体验的记述，让用户感觉非常真实和亲切，所以他们在网上推荐的商品或服务最容易打动这些用户。而且当我们在海外旅游的时候，总是不约而同地被网站上某些社区的内容吸引到很多的旅游景点、购物网点或者餐馆里去，这就是隐性营销带来的价值。到 2019 年年底，小红书上有超过 3 亿的用户在上面分享吃喝玩乐的生活经验。

小红书的用户购买场景是这样的：首先，用户通过 App

的推送消息、信息传播等途径成功被某款商品吸引，然后点进链接浏览商品。由于链接的内容十分丰富且具有吸引力，用户可能会继续在小红书平台搜索和浏览其他KOL的相关内容，最后决定购买，并将自己认为喜欢的内容分享给他人，从一名接收者进阶成一名传播者。我们从这个购买场景可以看到，小红书的隐性营销本质上是通过质量极高的KOL进行内容营销，针对客户心理，迅速地让用户作出购买决定。

小红书的隐性营销为什么这么成功呢？最主要的是它的内容具有这几个特征。首先，小红书的内容十分贴近我们平常的生活。在小红书上随处可见对生活中很小却很需要帮助的问题的解答，例如"如何用卷发棒卷发显得更自然""健身时有氧和无氧究竟如何平衡""运动时如何穿得专业、方便又时髦"等。这些问题，是很多人感同身受的，也很容易吸引用户。在小红书上，很多人给出了自己的解决办法，让用户感觉与答者拥有相似经历，在此基础上对内容提供者产生信任感，并最终愿意通过"种草"的方式来购买产品或解决问题。

另外，小红书的内容"干货"十足，且覆盖各个领域，从化妆品的选择、发型的选择、发色的测评、电子产品的测评甚至到留学申请的经验，面面俱到，实用性极强，而且是其他平台搜索不到的。这些内容可以很好地切中用户的痛点，切实给用户提供帮助。

还有一个特征在于，小红书十分善于追逐热点。例如，《延禧攻略》热播的时候,小红书里和该话题有关的笔记超过了2.4万篇,并引发了很多用户参与讨论。法国口红品牌娇兰推出了《延禧攻略》同款色号,小红书在第二天就出现了该口红色号的测评。小红书在最新款的化妆品、电子产品、发型发色产品等方面紧跟时代潮流,这样的时效性也吸引了大批用户。

小红书还有一个非常显著的特点,就是明星的入驻。在小红书里可以找到很多明星账号,他们会通过视频等方式展示自己的身份,给小红书带来了极大的流量。用户会因为想知道这些明星日常的生活,或因为是明星的粉丝而去关注他们的小红书账号。同时,这么多明星跟自己使用同一个平台的同一款产品,会让用户觉得这些大明星就在自己身边,同时增强了对小红书平台的信任。明星的带货能力是非常强的,例如当红明星欧阳娜娜,通过其美好的少女形象拥有大批粉丝,她常常在自己的小红书账号上分享每日穿搭心得,其日常造型风格百变,广大用户乐于仿效,从而使其吸引了一大批小红书用户。有了这些高流量的明星为产品背书,再挑剔的消费者也能被打动,进而购买产品。

有了这些丰富的内容,用户会不会眼花缭乱呢?为了更有针对性地推送内容、吸引用户,小红书运用大数据进行计算,在网站首页对用户进行个性化推荐。这样一来,内容既优质又满足用户需求,小红书在用户的心中就越来越重要了。

我们经常说淘宝的电商销售方式是对接商家和顾客,而京东重在自营，对品质的把控和自有物流体系的建设是它的优势。然而他们都没有满足用户对于商品分享和交流的需求，而这才是内容营销的根本。隐性营销模式就是把商品信息植入内容当中，以内容包裹商品信息，让用户在获得知识、分享交流的过程中，自然地作出购买决定。

除小红书之外，在出行旅游领域，也有通过内容营销的隐性营销模式，比如大家都很熟悉的马蜂窝。当你要出行的时候，想提前了解当地的风土人情，会去看别人写的旅行攻略，而在马蜂窝上就汇集了众多旅游达人的分享。

分享的内容包括当地知名的景点、提供餐饮和佳宿的商家等，用户愿意相信他们的推荐，因为用户觉得他们的体验是一致的。这就是内容营销给消费者带来的影响，是隐性营销模式在用户消费过程中的价值体现。

你的商品一定具有某些文化含义，体现着某些价值，跟你的用户在价值观上有共同的认知。当你的用户和你在产品中传达的某些精神产生共鸣的时候，你的商品就更容易被你的用户接纳，这就是隐性营销模式给我们带来的思考与启示。

26 网络效应模式：
互联网公司强者愈强的逻辑是什么？

这一节的模式从微信聊起。据统计，微信发展到今天，今天已经拥有了超过十亿的日活用户，但是在微信刚刚诞生的时候，除微信之外，还有一些类似的在线聊天工具，比如WhatsApp，LINE等也较为活跃。

在微信刚刚出现一两年之时，来自韩国的聊天工具LINE也试图进入中国市场，为此他们还投入了巨额资金进行了大范围的推广。当时我们在各地的地铁站或公共场所都能看到LINE的广告，而且LINE还有自己的特点，就是它的微表情非常丰富，一些微表情甚至和一些韩剧的主人公结合起来以吸引用户的关注。

尽管如此，LINE在中国市场的使用率一直没有上去，随后就偃旗息鼓了。从数据上看，当时LINE的下载量应该还是比较高的，但是很快这些用户就卸载了这款App，这是什么原因呢？

用户给出的反馈是，初期下载LINE是因为表情包还不错，但是软件上没有我们想要的聊天对象，我们的同学、朋友、家人都不在上面，所以很快就把App卸载了。

是什么帮助微信越做越大？其实就是互联网时代一种非常有价值的效应，叫作网络效应。在互联网时代，对于一个产品来说，个体的价值也许很微小，但是个体之间的连接力量是非常巨大的。当网络连接越来越多，节点越来越多，这张网的价值就会呈几何级数增长。而同时这张网也是非常强大的竞争壁垒，这也是微信一旦撑起这张网，其他功能类似的聊天工具就很难突破微信的包围进入用户心里的原因。这就是网络效应模式，如图4-6所示。

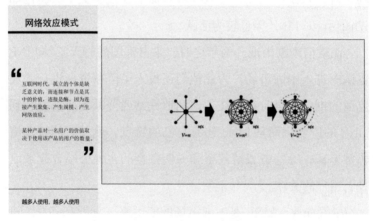

图4-6 网络效应模式

社交是移动互联网一项非常重要的属性，有了微信以后，我们无论是交新朋友还是联系旧友都变得非常简单，有时候几通电话、几番周折的努力，拉个微信群就可以轻松搞定。通过微信，我们的沟通需求得到了满足。

社交软件能不能成功，主要看的就是有没有把网络效应利用好。我们使用一款社交软件，最看重的是能否在这个平台上集聚大量的人脉资源，便于我们进行社交。我们是不会因为哪款社交软件的界面好看一点、功能好用一点，就随便抛弃已经用习惯的社交软件的。其实界面比微信好看、功能比微信强大的社交软件不在少数，但是仍然无法撼动微信的地位，就是因为微信已经拥有了一张非常巨大的网络，这张网络的力量是不可想象的，会创造出非常巨大的价值。所以，拥有超大量用户的微信，能压倒其他社交软件的，不在于功能、外观如何，因为这些都不是最核心的竞争力，其优势在于用户数量。

网络效应除了具有强大的竞争壁垒之外，还有非常大的拉力。比如说早期使用微信的都是年轻人，但是年轻人在使用微信的过程中，就会把身边的老人也拉入他们的网络中去。特别是有一年，微信在新年的时候推出了微信红包功能，这时候就吸引了无数的老人成为微信的用户。本来这些社交应用可能只属于年轻人，但是由于红包功能，让每一位年轻用户的点又延伸出更多的点，把微信原本没有囊括的老年用户也拉了进来，这就是网络效应模式的拉力带来的影响。

当然网络效应模式在互联网中的表现不仅局限于微信，著名的风投公司红杉曾经做过这样一项研究，他们发现网络效应模式有多种表现形式。

第一种是实物类的。比如手机，一部孤立的手机是没有意义的，只有用手机跟对方通话，让手机互通才有意义。传真机也是如此。再比如交通网络，交通网络的节点越多，交通线路才会更有价值。

第二种叫作协议网络。我们设定一个网络标准，其他的接入方以同样的方式接入标准中。协议网络也有网络效应，比如比特币网络就是通过协议网络产生价值，网络越大，效益也会越大。

第三种是个人网络效应，它会根据个人网络节点的不同产生不同的价值。关于这点，前面已经举例，这里不再赘述。

第四种是市场网络效应，这里更多地表现在平台式的组织上，如果双边或者多边的组织加入网络中，这个组织就会产生更大的效力。比如滴滴或阿里巴巴这种双边的市场网络效应，网络上的节点越多，参与者越多，网络的价值也会越大。

最后一种是类似于 Google 的技术网络效应，它的网络节点和数据量越多，网络效应就会越明显。

网络效应模式在很多类型的互联网企业中都有所表现，包括 Facebook、微博等，它的应用无处不在。

微博就在通过各种方式利用网络效应模式。在产品的初始阶段，微博属于轻产品，后来逐渐转入重运营。也就是说，后来微博通过视频的形式来运营它的内容，这一举措提高了其社会效应，使得微博的月活用户数和用户互动量同步增长。除用视频内容来扩大网络效应以外，微博十分具有特色的一点就是形成了微博社群生态，并运营微博超级话题这一产品，将各路粉丝中最活跃的那部分社群化。这些运营措施进一步释放了微博的社交效应,让我们看到了网络效应模式的多种利用形式。

网络效应模式给我们一个很好的启示就是,在互联网时代,连接比以往任何时候都有意义。个体发挥的效用有限,但是个体跟更多的网络,跟社会上的更多资源关联后,就能够发挥巨大的效应。

如果你所在的行业或公司能够跟外部更多的相关方进行关联,在关联中产生这种网络效应,就可能会带来与众不同的效果。所以你要考虑的是如何增加你的网络节点,扩大你的网络,让网络效应模式发挥更大的价值。

27 分享返利模式：
如何让每一个客户都变成你的销售人员？

我们经常会在朋友圈或微信群里看到朋友发布一些产品信息或者邀请链接，这种行为和我们今天所讲的商业模式有关，叫作分享返利模式。在他们发出的每一个邀请链接中都有一串特殊的字符，这段特殊的字符就是推荐者的标识。如果别人通过这个链接进入商品界面后下单了，推荐者就可以获得相应的提成收入。这就是分享返利模式的原理，如图4-7所示。

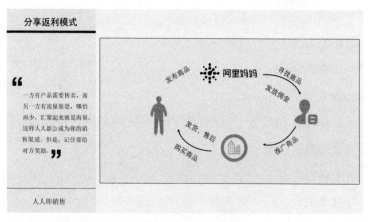

图4-7 分享返利模式

分享返利模式最早被大规模地应用是在亚马逊。亚马逊在

1996年推出了它们的分享推荐机制，当时它们还为这种机制申请了一个专利号。通过这种机制，全世界的用户都可以通过这个系统向身边的人推荐亚马逊上的图书，一旦身边的人购买了图书，这名推荐者就可以获得一定的奖励。随后这种机制从图书延伸到亚马逊的所有产品体系中，为亚马逊带来了巨大的流量和交易。

除此之外，在一些音乐、影视网站或论坛中，经常会看到亚马逊的广告，用户看到链接之后点进去购买，这家网站也可以获得相应的返佣收入，这就是分享返利模式最早的应用。

分享返利模式是一方希望销售产品，而另一方具有流量，这些众多的流量汇聚起来，就可以成为海量的流量。海量的流量和海量的商品聚集起来，就可以成为海量的交易。这就是互联网时代非常重要的一种推荐和分享机制。我们在软件上收到的众多的推荐和邀请，其实背后都是这样的原理，大家在生态链中都可以获得相应的利益。

生活中有很多这种分享返利的例子。最典型的如阿里巴巴旗下的一个大数据营销平台阿里妈妈。无论是网站还是个人，都可以在阿里妈妈上注册账户，获得相应的产品推荐链接，一旦这个链接产生了交易，你就可以在阿里妈妈这个平台上获得收益了。这些人就是天猫和淘宝最好的商品推销员。在这个时代，每一个人都可以成为商品的推荐者，并且可以在推荐的过程中得到相应的奖励。

除此之外，还有一些网站采取非常直接的商品推广方式，比如一些图片网站。美国的 Pinterest 就是一个典型的分享返利网站。

Pinterest 这个单词拆开来看，是展示和管理兴趣的意思。"Pin"的中文意思为"钉住"，它与"Interest"结合，意思是说用户可以把自己喜欢的图片"钉"到自己创建的很多张虚拟的板（Board）上。Pinterest 的各项功能和社交网络紧密地结合在了一起。如果你想进入 Pinterest 社区，那么必须使用 Facebook 或者 Twitter 账号来登陆，这意味着 Pinterest 的分享返利模式有着深厚的社交网络基础做支撑。由于 Pinterest 拥有大量的用户，而且与社交网络联系非常密切，有很多商家希望能在 Pinterest 上做宣传广告。Pinterest 上已经添加了在线商店的链接，拥有了这些基础以后，Pinterest 要做的就是把社交网络和在线商店联系起来，更大地发挥分享返利模式的作用。

我们可以详细看一下 Pinterest 上具体有哪些功能，以及用户可以进行哪些操作。

首先是 Pin。Pin 表示钉图钉的动作，形象地说就是用户把自己感兴趣图片钉到板子上，即把自己的兴趣图片收藏起来。每一张分享的图片都通过缩略图和图片详情的方式来展现，而整个网站以一个瀑布流的方式展现。

Repin。Repin 表示把别人板子上的图片钉到自己的板子上。如果你在别人的板子上看到了你喜欢的图片，就可以进行这项操作。这相当于转发的意思，在你进行这项操作之后，你的粉丝和你板子的粉丝都能看到你转发的图片。

Like。这一操作意思是将自己喜欢的图片收藏起来。和前面两种不同的是，like 的内容仅私人可见。

Board。这就是我们一直提到的"板子"，板子上钉着我们喜欢的图片，可以向所有人进行展示。实际上它有点像个人主页，主页上展示什么自己可以设置。

对于用户来说，可以"Pin"，可以 Repin，还可以关注，这个关注既可以关注某个用户，也可以是关注某个用户的 Board。用户可以通过自己的 Board 展示和收藏自己喜欢的图片，还可以通过 Repin 进行相互之间的交流、共享。最后，用户还可以组织、管理、整合自己的 Board。通过这些操作，用户既管理了自己喜欢的图片，也向大众展示了自己的个性。

在 Pinterest 上，用户主要通过兴趣来沟通、聚集在一起，这形成了一个强大的交流社群和展示社区。在这个社区里，用户可以在展示的图片旁边附上具有吸引力的文字，吸引别人点开来看，这就意味着一个强大的营销平台形成了。要知道，Pinterest 的图片内容非常丰富，包括摄影作品、婚礼服饰、美食和饭店、针织艺术、家居用品、城市美景等各种各样的内容，所以艺术家、商家们都会在自己的图片旁边附上说明。

用户从这个网站分享各种各样的图片，这些图片背后就带着相应的链接。如果你对某张图片很感兴趣，你点击图片链接，就可以进入其他的交易网站，当你下单后，网站和图片的上传人都能获得收益。用户的点击量创造了非常多的交易金额。

通过对Pinterest在电商交易环节中的角色进行评估可知，这项服务为在线零售商带去了非常可观的流量。即使只有大约3%的Pinterest用户（2019年总用户量超过1.5亿）点击了"Want-To-Have"按钮，将他们的热情转化为购买行为，这家公司每月为电商服务促成的交易也会达到450万笔。假设每笔交易的价值为200美元，那么通过Pinterest平台产生的月销售额会达到9亿美元。如果Pinterest要求合作伙伴为每笔交易缴纳7%的引流费，那么它每月得到的分成超过6000万美元，每年则超过7.2亿美元。

Pinterest的这种方式非常直接和简单，既受到用户的喜爱，又受到商家的欢迎。有数据显示，Pinterest网站的月活用户数比Google和Facebook都要多。因为它的用户点击率非常高（这也是分享返利模式的一个基础来源），所以它的分享返利模式运用得非常成功。

如何将这个方式应用到你的企业当中？请你思考一下，你通过什么方式可以让你的用户愿意帮你分享你的产品？你可以设立什么奖励机制？你通过什么方式跟踪用户的分享，并且给予他们应有的奖励？这就是分享返利模式所必需的三个条件。

28 按需付费模式：
把主动权交给客户，你才能赢得他

过去人们在使用某款软件产品的时候，通常是买下版权或者通过授权来使用。但是软件行业在 1999 年的时候发生了一次革命性的变化，这个变化来自一家叫作 Salesforce 的软件公司，它的创始人和 CEO 叫贝尼奥夫。

贝尼奥夫之前服务于甲骨文公司（Oracle），他在 1999 年提出了一句口号，叫作"终结软件"，意思是说，他们会把软件放在云端，今后企业在使用软件的时候，不需要安装或者全部购买这款软件，只需要用户根据自己的需要按月付费使用就可以了。

Salesforce 已经成为目前美国旧金山最大的科技企业，截至 2019 年年底，它的市值已经超过 1500 亿美元。它所带来的变化就是，我们对软件的使用从传统的一次性购买变成了按需付费，这就是按需付费模式。

一些传统的软件公司，如微软，他们的商业模式也在朝着这个方向创新。2015 年，微软新的 CEO 纳德拉上台以后，作出了一系列改革，他希望微软所有的软件业务都转向按年付费或者长期订用的方式，而不是一次性的软件交易。

其中一个最主要的改变发生在 Microsoft 365[①] 这款产品上。这款产品改为按需付费以后，在中国的整体业务四年之内增长超过了 400%。这就是按需付费模式为企业带来的收益。

再如，微软旗下的 Microsoft Azure[②] 对他们的用户提供了"现用现付（Pay-As-You-Go）"的收费模式，用这样的模式取代了老旧的包年收费模式，使得用户的选择可以更加机动灵活。

按需付费这个商业模式的特点是，用户根据自己的需求获得产品或服务的使用权，用户只需要为自己使用的这部分买单。这个模式一方面大大降低了用户的支出费用，另一方面也大大提升了用户使用产品的灵活性。

按需付费模式也被称为 SaaS[③] 服务模式，以前我们是购买一款软件，今天我们更多的是根据自己的需求买一个服务。如图 4-8 所示。

SaaS 在不断发展中，还产生了按次付费模式。因为很多公司并不是一直需要某款软件，而且很多公司内部并不稳定，员工离职、核心业务变化等，都有可能导致原先购买的软件失去作用，长期累积起来，对公司而言是一笔非常大的损失。而按次付费就有效克服了这些缺点，使得软件产品的使用更高效、更灵活。

---

① Microsoft 365：微软于 2011 年推出的基于云平台的订阅式跨平台办公软件，原名称为 Office 365，2020 年 4 月 21 日更名为 Microsoft 365。
② Microsoft Azure：微软基于云计算的操作系统，原名"Windows Azure"，是微软"软件和服务"技术的名称。
③ SaaS：Software-as-a-Service 的缩写名称，意思为软件即服务，即通过网络提供软件服务。

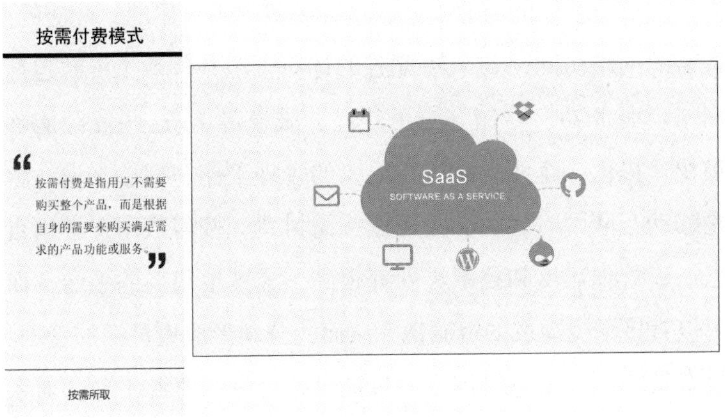
按需付费模式
按需付费是指用户不需要购买整个产品，而是根据自身的需要来购买满足需求的产品功能或服务。
SaaS
SOFTWARE AS A SERVICE
按需所取

图 4-8　按需付费模式

我们举一个简单的例子来说明什么是按需付费模式，或者说 SaaS 服务模式。我们如果需要饮用纯净水，过去的方式是购买一套净水设备，获取纯净水，今天这套净水设备由自来水厂提供，我们只需要根据需求，在家里打开水龙头就能获得想要的水，之后我们再付水费就可以了。这就是按需付费模式的特点。

按需付费模式对于互联网的发展起到了非常重要的作用，特别是满足了互联网企业对于服务器的需求。

互联网企业最初在使用或者开发产品的时候，都要配置服务器，但是配置服务器的成本相当高，还需要有专人进行维护，这给企业带来了非常高的经济成本和人力成本。

而今天的云服务为这些互联网公司的运营提供了极大的便利。云服务是由云计算加商业模式创新构成的，其使用的是一种按量索取的商业模式，这种模式提供可用的、便捷的、按需的网络访问，进入可配置的计算资源共享池（资源包括网络、服务器、存储、应用软件、服务等），这些资源能够被快速提供，企业只需进行很少的管理工作。简单来说，就是移动互联网时代的企业可以按需付费、按需取用，不用自己搭建管理难度和技术难度都很高，成本也很高的平台，而可以直接享受现成的资源池，从而让公司形成更灵活的管理、投资策略。云服务提供方通过提供整合好的资源平台，对系统进行统一管理，构建出一种持续经营、长时间不间断地使用服务的模式，让使用这个模式的公司能够在良好的平台服务支持下，更专注于自己核心业务的开发、拓展和经营。

总的来说，云服务的优点在于通过实施专业而优化的技术资源管理，减少企业盲目花钱的情况。而且它从各个方面降低了企业成本——使用云服务的企业无须成立一个独立的部门、组建一支专门的技术团队，也减少了维护一个大平台所需的维护成本。在按需付费的过程中，企业的固定成本转化成运营成本，且其带来的效果可能更稳定、更专业。这符合移动互联网时代企业要变得更"轻"的趋势。简单地做个比喻，就像你的电器要充电时，只需要通过充电线连接电器和插座即可，而不需要自己建一座发电厂。

以阿里云为例，在阿里云上你可以根据自己的需求设置完全定制化的云服务，这个时间可以精确到天、小时甚至秒。你可以先使用再付费，这就极大地降低了企业的支出成本，企业不需要有专人去做服务器的维护，而且这个服务器的安全性又有相当的保证。

云服务的不断发展使其提供的按需付费模式越来越多样而实用。2017年9月前，阿里云的云服务付费精度只精确到了分钟，而2017年9月他们宣布，全球所有服务地域的云服务器按量付费模式升级到按秒付费。据阿里云官方声明，这一举措是为了增强弹性计算服务体验。这样的精度对用户来说意味着什么呢？大多数阿里云服务用户都是采用包月、包年这样的长期服务模式，按秒付费模式对他们来说可能没什么用处。但是中国互联网的行业生态是十分复杂的，各种模式、各种运营状况的公司都有，按秒付费为更多的企业提供了更多样的运营模式的可能。例如那些需要应付某一高峰流量时段（如网购秒杀时段、限时拼团优惠时段等）的企业，就可以通过按秒付费精确地选择服务的开始和截止时间，更高效地压低运营成本、控制运营成本。

通过不断的细化和优化，云服务还可以非常精准地满足客户需求，营造良好的可供互联网公司持续使用的生态体系。此外，按秒计算还为云服务拓宽了受众用户群体，使得更多小公司甚至个人用户也能够使用云服务了。实际上，实现按秒计费的云服务公司还有很多，例如Google、亚马逊、美团云、华夏名网等服务商旗下的云服务都开通了按秒付费模式。

从更大的范围来看，共享经济的本质也是一种按需服务。比如根据需要获得一辆车的使用、根据需要获得一间房的使用，或者根据需要获得一个充电宝的使用等。按需服务也是共享经济的一个底层逻辑。

如果你的企业想要采用这个模式，我想请你思考以下几个问题。

第一，如果你的产品过去是一次性买断的，你可以思考一下能不能够把它切割成不同项目的服务，让用户根据自己的需求选取想要的服务。

第二，你是否能确保用户长期使用你的产品或服务。按需付费模式意味着你前期会有比较大的投入，现金流可能需要较长时间的积累，所以你需要有一个比较长远的规划。

如果在这个过程中你能够做到让用户按需使用并按需付费，我想你就能从用户的视角优化你的产品或服务，用户也一定会更多地选择你的产品或服务。

第五篇

经典商业模式篇

CHAPTER 5

29 剃刀-刀片模式：
已经在多个行业被验证有效的定价利器

如果用户对你的产品价格非常敏感，觉得你的产品或服务很贵，你有没有什么办法让你的用户接受你的高价产品，特别是当你的产品有一些是套装或组合的时候？这里有一种方法。

我们首先来看一个案例，这个案例来自雀巢。雀巢是咖啡行业的大公司，它有一个胶囊咖啡产品，叫作 Nespresso，是 1976 年由雀巢公司的一名工程师发明的。有了这种胶囊咖啡，消费者在家就可以很轻松地冲饮一杯浓缩的咖啡饮品。所以当胶囊咖啡诞生的时候，所有人都觉得这个产品一定会大卖。但是没想到这个创新型的产品走向市场后，并未引起市场的强烈反响，它的销路不尽如人意。一直到 1988 年，雀巢换了一位总经理，这位总经理对雀巢的胶囊咖啡做出了全面的改革，采取了一系列新的商业模式和营销模式。奇迹发生了，自此以后，胶囊咖啡的业绩一路飙升，到 2017 年，这个产品每年为雀巢创造的业务收入达到 90 亿美元。那么在这个过程中，新上任的总经理对胶囊咖啡做了什么呢？

首先我们来了解一下 Nespresso 这个产品。Nespresso 包含一台咖啡机，咖啡机里面放上我们所说的胶囊咖啡，就能够冲出一杯咖啡。这位新上任经理的策略就是将咖啡机的价格压到极低，让很多用户可以非常轻易地购买到。用户一旦购买了咖啡机，一定不会闲置，如果要用它喝咖啡，就会不断地购买胶囊咖啡。

雀巢公司因此获得了巨大的收益。在这个过程中，用户对胶囊咖啡的价格敏感度已经降低了，他会觉得咖啡机很便宜，而且胶囊咖啡的单位价格又很低，所以用户就很容易接受这个产品。其实每一粒胶囊咖啡的利润都是非常高的，雀巢就通过这种方式获得了大量的利润。

除让用户能够轻易地接受这个产品之外，雀巢公司还做了第二步，就是在生产过程中，为了防止对手竞争，雀巢公司申请了大量的专利，这些专利可以保障雀巢的咖啡机只能和雀巢自己的胶囊咖啡匹配，不能用于其他类型的产品。

同时对于所有使用雀巢胶囊咖啡和咖啡机的用户，雀巢公司要求必须加入他们的会员体系，用这样的方法将用户牢牢锁定，形成一个闭环。对于用户来说，加入会员好处在于他们可以快速地在网上预订产品，并且可以获得更多与咖啡相关的信息。另外，加入会员后，一旦用户的咖啡机坏了，公司会第一时间给用户配置一台新的机器，公司要确保用户有足够的时间消费更多的胶囊咖啡。

雀巢咖啡其实并不是第一个使用这个商业模式的。这个商业模式有一种叫法，叫作剃刀-刀片模式，说的是剃须刀和刀片之间的关系。用户使用剃须刀，就要不断消耗刀片，在这个过程中公司就可以获利。最早的剃须刀生产公司吉列公司正是采用了这种巧妙的商业模式，让用户更多地购买吉列的剃须刀，吉列公司因此大获成功。所以这个商业模式又叫剃刀-刀片模式，如图5-1所示。

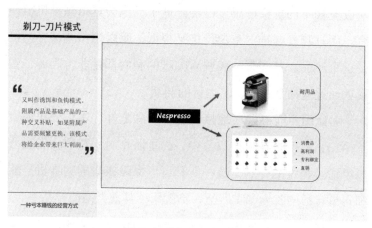

图5-1　剃刀-刀片模式

20世纪初的剃须刀和现在的剃须刀完全不一样——刀片非常厚，一把刀可以用很久，用钝了就自己磨一下继续用。吉列剃须刀的创始人金·吉列在一次磨剃须刀的时候灵光一现，觉得可以生产非常薄的刀片，这样每片刀片成本就变得很低，可以用完即扔，既实惠又方便。

当时还没有生产超薄钢片的技术，于是金·吉列寻求麻省理工学院的研究人员，首次研制出了薄刀片。接着，吉列又生产出了可换刀片的吉列剃须刀，使用这种剃须刀，就再也不用费力气磨刀片了。

起初，金·吉列是将一副刀架和几枚刀片组成套装进行售卖的。但这样的套装售价偏高，销售量平平。于是，金·吉列做出了一个大胆的决定，将剃须刀架的售价定到成本价以下，亏本售出，来吸引更多的用户来买刀架。

当时，很多人都怀疑这么低的定价能不能赚到钱。但在金·吉列的计划中，吉列剃须刀的收益并不在于看似重要的刀架，而在于毫不起眼的刀片。刀架的低价吸引了很多用户，而用户在买了刀架以后，自然就会买刀片。用户对于刀片的需求是长期的，所以单独卖出一枚刀片的利润虽然不高，但是当用户数量增多、时间变长，刀片带来的利润就会高得惊人。在吉列剃须刀投入生产的第二年，吉列剃须刀的销售数量达到了9万个刀架和12万枚刀片。到1918年，刀架的销售数量是100万个，而刀片的销售数量达到了刀架的12倍，即1.2亿枚。吉列公司以刀片为利益来源的模式取得了成功，"剃刀-刀片"的商业模式也流传了下来。

除剃须刀之外，这个商业模式也被应用到其他行业中，一个比较典型的行业就是打印机行业。以前，打印机价格相对高昂，很多企业或个人无力购买。作为打印机生产企业，惠普后来做的一件事情是低价销售打印机，或者用租赁的方式把打印机放到用户的办公室，而用户只需要付打印机中墨盒的费用就可以了。这也是剃刀和刀片的关系。用户在不断消费墨盒的过程中，也支付了相应的费用给打印机公司，而墨盒的利润又相对较高。

此外，许多游戏机生产商也应用了"剃刀-刀片"模式，如知名游戏机公司任天堂。任天堂的游戏机和游戏软件是分开销售的，用户在任天堂的平台上买游戏，再将其安装在任天堂的游戏机上，就可以玩游戏了。任天堂推出的wii游戏机定价低廉，仅略高于成本价，这样的低价吸引了很多消费者，也刺激了他们将更多的钱用于买更多的游戏。同时，任天堂的游戏平台上游戏数量非常多，可以满足庞大的购买需求。虽然单一游戏机的利润很微薄，但后续的大量来自游戏软件的收入让其利润飞速增长。

如果你想应用这种剃刀-刀片模式，你需要做到以下几点。

第一，找到你的组合套装产品中的基础商品，以及有附加值的产品。

第二，设计一个模式，在A类商品上牺牲利润，在使用频次更高的B类商品上赚取利润。这样可以确保你的利润最大化，而且可以让用户对于价格的敏感度下降。

第三，在使用这个模式的过程中，一定要设置相应的门槛。因为如果你的基础产品和附加产品很容易被你的竞争对手模仿，如果你竞争对手的产品售价比你的低，你的用户就很容易选择替代品，那就有问题了。前面说到的雀巢用申请专利的方式来保护自己，或者用会员制的方式将用户锁定，都是设置门槛的体现。

其实这个商业模式可以在很多行业中应用，它是一种非常有效的定价机制，只需要做轻微的调整，就可以带来业绩的变化。希望这个商业模式能够给你带来一些启发。

30　长尾模式：
强调二八原理时，我们忽略了什么？

这一节的商业模式，我们先从一个故事开始讲起。曾经有一位英国的登山者，他写过一本书叫作《触及巅峰》。书中讲述了两名英国登山者在秘鲁安第斯山脉的历险故事。这本书最早是在1988年写成的，面市以后，并没有引起多大的反响。然而十年之后，这本书却登上了《纽约时报》的图书排行榜，并且被改编成纪录片电影。

这本书十年以后重返市场，是互联网营销带来的变化。这本书当时在亚马逊网站上销售，亚马逊把它列在同类书的选择参考中，并附上了一些其他读者的评价。通过这种方式，用户慢慢地发现了这本书，也让这本被埋没在茫茫书海中的作品，有了再次面对读者的机会。

有时候我们会强调二八原理，认为任何领域只有顶尖的20%的人会成功，或者20%的事物被注意，但是那些被我们忽视的东西，在今天的互联网时代也能发挥应有的作用。比如，亚马逊网站上有超过一半的销售量来自排行榜上位于13万名开外的图书。亚马逊统计说，那些不在传统书店售卖的书所带来的价值可能更大。这就是长尾模式，如图5-2所示。

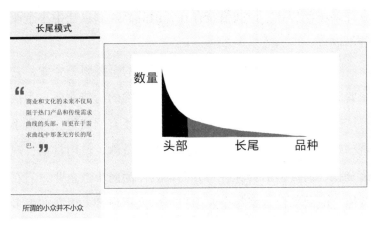

图 5-2　长尾模式

我们分析一下长尾模式在 Google 的商业模式中是怎样产生价值的。

AdWords 和 AdSense 都是 Google 的产品，AdWords 主要是帮助大量的中小企业投放广告。传统的网络广告一般大企业才能涉足，而 Google AdWords 覆盖了大多数小微企业，把这些小微企业联合起来，让它们发挥效应。

同样的，AdSense 是把大量的小网站集合起来，这些网站都能够获得广告商的广告投放。所以 AdWords 和 AdSense 正是汇聚了成千上万的中小企业和中小网站，发挥了长尾效应，用它们汇集起来所产生的巨大的市场能量，跟传统的网络广告抗衡。

和分享经济一样，互联网金融是长尾模式扩散的另一个主战场。银行青睐于大企业，对中小企业爱答不理，虽然也有许多小额贷款、民间借贷存在，但其高额利息让中小企业苦不堪言。

蚂蚁微贷就是一家为小型公司服务的金融服务企业，它主要为一些小企业或个人创业者提供小额的信贷业务，为扶持这些企业提供一些资金帮助。类似的还有网商贷、阿里小贷、蚂蚁小贷等贷款产品，囊括了企业贷款、信用贷款、现金贷款、消费类信贷等各个方面，具体面向小微企业、三农群体、电商平台卖家等企业用户、个人用户等。现在在很多平台上都有这种微贷业务，如天猫平台、淘宝平台等，这是一项非常便捷的信贷业务。

蚂蚁微贷的出现改变了金融服务企业一直以来的"高冷"形象，不再只将目光放在大客户、大交易上，而是转移到了不起眼的一个个小客户、一笔笔小投资上。这无数笔小交易汇聚起来形成的收益，可以让整个传统金融服务业刮目相看。

在北美广播行业的发展历程中也有对长尾模式的应用。在北美早期的广播行业中，绝大多数企业都专注于开创属于自己公司的品牌节目、大节目，希望这些大节目能够吸引足够多的听众。因此，公司将绝大部分资源投入这些大节目的制作中，希望这些节目能带来足够多的社会效益和经济效益。

但是，这样的模式在发展中很快受到阻碍，北美整个广播行业的市场表现都不理想。在对该问题进行了研究和分析后，广播公司纷纷从当时的模式向长尾模式转变。在改变之前，这些广播公司都把注意力放在可以生产巨大价值的节目上,但其实还有很多需求不旺的市场份额,其单位需求量虽然很低,却占据了市场份额中一个极长的"尾巴"。换句话说,很大一部分听众都有自己个性化的收听需求,这些需求之间重合点很少,所以很难通过一个节目就很好地覆盖。这样的听众数量非常庞大,如果能从这些听众身上获取一些收益,那么总收益是非常可观的。

所以,北美广播公司纷纷开展了个性化定制服务。在一家广播公司中,主打一个"共赏型"节目作为王牌节目,同时可以制作很多受众有限的节目,去满足处于"长尾"位置的受众需求。在王牌节目的时间外,这些满足不同类型需求的小众节目为电台带来了很多的收听量。

例如,道琼斯公司和美国国家广播公司联合推出的消费者新闻与商业频道——CNBC,以其对全球金融市场准确而客观的观察和分析而广受欢迎,其观众最多的节目为财经分析节目。因此,按一周粗略统计,其财经类节目的收视比例约为70%;而在工作日的晚间时段,非财经节目占了50%;到了周末,非财经类节目的种类就更多了,包括新闻报道、纪录片、脱口秀、探险、体育节目等。

再如,美国潘多拉网络电台,更是将用户个性化体验做到了极致。为了满足用户的个性化需要,潘多拉电台实施了一个"基因组计划"。基因组计划收录了80多万首歌曲,这些歌曲由潘多拉的音乐分析师在配器、歌词、旋律、和声等480项音乐属性上进行分析和归类,可以让用户更容易找到自己喜欢的歌曲,这项技术被应用在潘多拉的音乐搜索引擎中,已经成为其增强用户体验方面的核心技术。此外,新用户打开潘多拉电台网页时,只需输入自己喜欢的歌曲名,就可以创建一个全新的个性化私人电台,这个电台用来播放为用户量身定制的歌曲。潘多拉很好地满足了处于"长尾"位置用户的个性化需要,很好地维护了用户黏性,确保了公司的收益。

长尾理论这个概念最早是由美国《连线》杂志社的主编克里斯·安德森于2004年提出的,他说商业和文化的未来不在热门的产品,不在传统需求曲线的头部,而在需求曲线无穷无尽的尾巴上。

长尾模式之所以可以在移动互联网时代兴起,是因为它能够很好地适应今天消费者追求个性化、多元化的需求。特别是在产品、产能过剩的今天,过去那种认为只有标准化生产才能抓住消费者的认识已经过时了,谁能够在多元化的、个性化的产品上下足功夫,谁就能够把握市场的趋势。

再比如,余额宝产品关注的就是大量的普通个体,他们可能钱不多,每天可能用几十元、几百元去购买基金,但是他们也需要这种投资的收益。过去基金公司所提供的服务中,可能需要相当数量的金额才能购买基金产品,而余额宝关注的正是那80%的"长尾",它把这部分资金聚集起来,让余额宝6亿用户(2019年)的涓涓细流变成巨款,让互联网改变了金融业。所以余额宝上市没多久,它的基金规模就一路攀升，目前已成为中国规模最大的货币基金产品。这就是长尾模式带来的价值。

长尾模式告诉我们，我们有时候需要关注 20% 的顶部用户或产品，但在移动互联网时代，当用户普遍追求个性化、差异化的时候，一些细小的、看不到的、个性化的需求也许对于我们更有价值。我们需要捕捉到它，可能这就是我们新的机会。

31 经营模式授权模式：
借助外部资源打造自身品牌的方法

如果你的企业已经拥有良好的品牌信誉，具备比较完善的运营和管理能力，你怎样将它快速扩大？

有一个比较好的模式叫作经营模式授权。通过这个模式，你可以不需要投入更多的资金和资源，而是借助市场上的资金和资源使你的品牌和生意得到扩张，让受许人能够赚到更多的钱。这就是经营模式授权这个模式对于品牌商的价值。如图5-3所示。

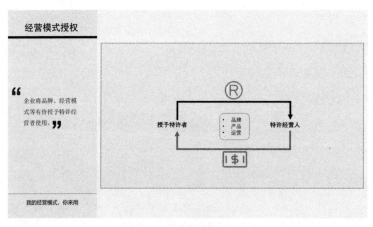

图 5-3 经营模式授权模式

在生活中有无数采用经营模式授权这个模式的成功案例，如我们熟悉的肯德基、麦当劳等。肯德基隶属于百胜集团——全球最大的餐饮集团之一，1987年在中国开设了第一家餐厅。30多年来，肯德基已经在中国1000多座城市和乡镇开设了6000多家连锁餐厅，是目前中国规模最大、发展最快的快餐连锁企业之一。其在全球的大部分门店都是加盟门店，采用的是经营模式授权的模式。

肯德基的加盟模式奉行"不从零开始"的原则，即将一家成熟的肯德基餐厅整体授权给通过资格评估的加盟商，加盟商不需要从零开始筹备餐厅的建设，因此避免了很多诸如选址、装修、招员工等方面的问题，减少了加盟商的经营风险。

除开店前"不从零开始"的原则支持之外，肯德基还会给加盟商强大的支持体系，包括产品开发与食品安全、财务支持系统、公共事务、运营管理、市场策划和宣传、采购和配销等多方面的强大支持，并且会对经营模式授权门店的负责人进行培训。这样，加盟商将完全了解肯德基的操作守则并严格遵守，保证了肯德基的授权门店跟总部保持质量标准的全方位统一，保证客人体验的一致性，也减少了门店成员内部的竞争。

此外，肯德基会严格地选择合格的加盟商。要想成为肯德基的经营模式授权加盟商，必须了解餐饮行业的运作模式，拥有优质的财务资源、良好的商业意识以及丰富的人员管理经验，可以长期投入、亲自经营，具备长远发展潜力并认同百胜文化。经过这样的筛选后，肯德基可以比较好地评估和保证加盟商的质量，从而保证门店的质量。

对于肯德基总部来说，经营模式授权模式帮助其在全球各地快速发展，同时也通过一定措施保证了其门店的质量。对于加盟商来说，经营模式授权比自己从零开始创业更有保障，他们可以从总部获得更多的资源和帮助，且其经营是建立在已有的知名品牌上。在餐饮业，如果服务、装修、食物配方等方面已经发展成熟，那么可以通过复制标准和商标，事半功倍地进行经营模式授权，这是非常适用且被普遍应用的。

除餐饮业，酒店业也常常用到经营模式授权这个模式。

从2014年开始，洲际、万豪、雅高等酒店集团都在中国开放了部分品牌的经营模式授权业务。在中国酒店业发展初期，酒店业发展比较落后，高级酒店很少，中国的酒店业一般采用委托管理模式，即各门店是委托管理公司管理的，由管理公司输出管理理念并落实执行，品牌方对门店有较大的控制权。这些酒店管理公司几乎不用承担风险就能获得较大收益。但是随着市场逐渐出现供过于求、投资过多、回报比较慢的现象，委托管理模式慢慢被市场淘汰，取而代之的是经营模式授权模式。这个模式对于酒店业来说更加"共赢"，即受许人与总部共同承担风险、收获利益。这种共赢模式受到受许人和酒店集团的青睐。2018年，中国的酒店行业经营模式授权模式开始大行其道，占到了行业经营模式的60%以上，而五年前，这个模式只占百分之十几的份额。

洲际酒店集团就是一个将经营模式授权应用得很好的例子。洲际酒店集团在全世界范围内的门店中，有80%采用的是经营模式授权模式。洲际酒店集团进驻中国以来，不断地优化自己的经营模式授权模式，使其适应中国的本土情况。区别于欧美地区，洲际酒店为了确保酒店的各项标准在中国切实落地，采用了总部为业主、派任总经理的模式。此外，洲际酒店为受许人提供了十分丰富的酒店品牌，受许人可以有非常多的选择。

更重要的是，洲际酒店集团在中国率先建立起了经营模式授权门店的全方位支持体系，包括建店、培训、运营、业绩等多方面的支持，让受许人更好、更顺利地着手运营酒店，也落实了总部统一标准，保证了客人体验的一致性。

正如洲际酒店集团大中华区智选假日酒店董事总经理所表示的："从第1家到第100家，我们用了13年，从第100家到第150家，仅用时1年半。在城镇化建设和消费升级的背景下，三四线城市对国际酒店品牌的需求不断增长，为智选假日酒店的快速发展提供了良好的契机。经营模式授权模式更是帮助智选假日酒店进入更多新兴市场，给当地带来国际标准化酒店服务的同时，也为当地经济发展贡献了力量。"

另外，经营模式授权模式也常常被其他行业运用。在这几年的奶茶大战中，我们也常常看到经营模式授权模式的身影。以一点点奶茶为例,这家奶茶铺最早诞生于台湾,从 2010 年开始进入大陆市场。在短短几年间,一点点奶茶在大陆的网点已经有两千多家。一点点门店的迅猛增长,毫无疑问与它所采用的经营模式授权模式是分不开的。

经营模式授权能够快速地集合市场上的资源,汇集了一批希望通过这种方式赚取更多投资回报的个体参与这项事业。一点点奶茶的客户基础是非常好的,茶品也非常受用户的喜爱。我们经常看到一点点奶茶门店前有很多人排队购买饮品。这个模式让受许人更加容易拥有好产品、好品牌,同时又有相对标准化的管理体系,所以能够让这个品牌走得越来越远。经营模式授权是在品牌快速扩张的时候经常采用的模式。

对于经营模式授权这个商业模式来说,它的优势在于当你拥有了很好的品牌和管理能力之后,你的扩张速度就会非常快。你可以吸收大量的社会资源和资金,帮你一起来打造这个品牌。

但同时,经营模式授权的优势背后,也对管理提出了非常高的要求。当我们的合作伙伴是一个个加盟商时,想要确保加盟商产品或服务的品质保持一致,需要我们有非常好的管理体系和人员培训体系。否则如果一旦有加盟商的经营出现问题,那么对品牌就会造成很大的影响,这是我们在采用这个模式时需要考虑的一点。

如果你想采用经营模式授权这个商业模式,请你思考以下几个问题。

第一,你的经营能力和资产能否吸引潜在加盟商的加入。

第二,你能否帮助加盟商赚钱。对加盟商来说,他们的目的很单纯,即通过加盟你的业务来获得投资回报。

第三,你是否有一个相对标准化的管理和运营体系,能够确保你所有加盟商的运营体系保持一致。

第四,你是否具有独特的优势,能够确保你的业务模式或产品不会轻易被竞争对手模仿或者超越。

如果你考虑好了以上几个问题,那么在你经营了几家店,并拥有一定的品牌知名度后,就可以考虑做一些经营模式授权的探索。

32 保证可用性模式：
易被忽略的，却是用户选择你的重要原因之一

我想请你思考这样一个问题：当你购买一件商品的时候，除考虑它的使用功能之外，还会考虑哪些方面呢？比如你在电商网站上购买了一件商品，你会有什么顾虑或者担忧吗？我想你可能会担心，万一这个商品买了以后不能使用怎么办。

对于高品质的商品来说，也许这种情况发生的概率非常小，但是如果商家考虑到用户的顾虑而设计了一些巧妙的应对方式，无疑会加大用户对这种商品的信任感，进而提高用户购买的欲望。而这一模式就是保证可用性模式，如图5-4所示。

图5-4 保证可用性模式

我们首先来看一个例子。瑞士的 ABB 涡轮增压系统有限公司是 ABB 集团的一家分公司。这家公司旨在帮助全球的客户提供涡轮增压的供应和维修服务。

如果你使用了 ABB 的任何一种产品，那么你就有权访问它的全球服务网站，这个网站是提供 24 小时在线服务的。如果你选择了它的定制服务计划，那么你就可以访问它在全球的一百多个服务站。

这些服务站通过网络和总部进行连接，随时解决你的问题，这样就确保了所有 ABB 涡轮增压产品在任何时候都是可用的，这是用户在选择 ABB 产品时考虑的很重要的一点。

我们再看一下电梯行业。电梯对于产品可用性的要求是非常高的，比如在 CBD 的一栋大楼里面，每天都有上万名员工通过电梯上上下下，因此对于电梯生产商来说，最重要的是一定要确保电梯在工作时不能出现任何意外。

所以三菱电梯、奥的斯、迅达等电梯生产商都会跟用户签订一个长期的全面服务合同，电梯一旦出现任何故障，包括定期保养和维修，他们都会及时到位。他们通过这样的方式解决了用户的后顾之忧，这种可用性承诺也是用户选择这些品牌的重要因素。

提供私人飞机和车队租赁服务的 NetJets 和 PHH Corporation

公司也都将保证可用性模式应用到了自己的业务中。在公司的租赁服务中，有机队和车队的完善管理流程，公司会提供购买、维修、保养等一系列的技术支持，消费者在租赁了机队或车队后能够享受非常有力的保障和支持。为了提供良好的保障服务，这些公司从财务、运营、人事等方面进行优化，以提高效率、降低成本。

管理机队、车队是一件费用、管理成本和门槛都很高的事，普通人租了机队、车队以后并无管理经验，如果没有较好的使用保障，用户很难冒着风险去选择这样一项业务。可以说，这种租赁公司在保证可用性方面给予消费者提供的保障，是他们在行业中获得竞争力的关键。这种捆绑售后服务的服务增值方式既能给公司带来更多的利润，也是树立品牌形象的重要手段。

除这些传统的领域外，在电商行业也有这样的应用，比如我们在电商网站购买商品时看到的七天无理由退换货就是这个模式的应用。这个小小的提示大大增加了我们购买这件商品的可能性，因为它消除了我们的后顾之忧。

还有很多品牌在承诺可用性上做得更加激进，比如国内的电器品牌小狗电器推出了一个维修服务——小狗中央维修服务，这个服务的具体流程是这样的：用户如果在使用小狗电器的过程中遇到了问题，可以将电器快递到小狗电器的大型维修中心，电器修好后再快递给用户，这个过程所产生的快递费全由小狗电器支付，用户不用花一分钱。而且，即使电器的问题是用户人为造成的，同样可以享受小狗电器中央维修服务。值得注意的是，小狗电器将最终解释权交给用户，这在行业中是史无前例的。可以说小狗电器开创了一个全新且十分大胆的保修模式。

小狗电器这种保修模式，解决了用户在商品保修期间经常遇到的信息不对称、耗费精力、自掏快递费、找不到凭证、维修成本高等问题，给用户吃了一颗大大的定心丸。之前，很多用户饱受"保修"之苦，很多时候因为保修方面的一些漏洞，他们宁愿买一件新的产品也不愿去修。小狗电器这种不搞套路、诚心诚意的保证可用性模式自然受到了客户的青睐。

在小狗电器推出中央维修服务两年之后，他们收集了用户最真实的评价作为两年的阶段性成果总结，从用户的评价数据来看，小狗吸尘器获得了非常好的市场口碑。到2016年为止，小狗吸尘器已经有了20年的历史，而且连续6年获天猫全网销量第一。可以说，小狗电器的保证可用性模式为用户带来的体验正如他们的广告语所说，是一种"极致体验"，这个模式也带动了电器行业的服务升级。

在同质化商品的竞争过程中，保证可用性模式给用户和企业的安全问题提供了保障。同时，这个模式也会成为一种盈利方式。

我们在使用手机的过程中，会有摔碎屏幕的可能性，因此一些电商网站就推出了类似摔碰保险服务，只要你支付一定的金额购买了此种保险，当你的手机屏幕被摔坏时，商家就可以帮你免费更换新的屏幕。很多商家会免费赠送运费险，也是同样的道理，如果你收到货以后觉得不满意，想退货，那么退货时产生的快递费是不用自己支付的，这和七天无理由退换货一样，解决了用户关于退换货的后顾之忧。

苹果公司也推出了自己的一整套专门的保修服务，叫AppleCare Protection Plan（全方位服务计划）。由于苹果的产品是集软件、硬件为一体的系统，为了方便用户维修和保障用户的权益，苹果创建了一站式维修服务。在这个计划中，用户可以直接得到苹果公司的专家维修服务，而且这个维修服务是全球范围内有效的。例如，苹果手机的服务计划可为你提供自购买该服务计划之日起为期两年的维修服务，包括最多两次意外损坏保修服务。

如果想在市场上同质化商品的激烈竞争时中脱颖而出，保证可用性模式给你提供了一个很好的借鉴，让你把注意力放到服务上。这是保证可用性模式创造的一个非常大的价值。

当然在使用保证可用性模式背后，隐含的一个要求就是，你的产品品质本身也要过硬,不能本末倒置,只关注产品的服务和可用性,而忽视了产品的品质本身。你首先要确保你的产品品质是一流的,在这个基础上,又能够提供可用性的保障,我想用户一定会选择你的产品。

33 超低价模式：
如何找到顾客的最大痛点？

低价对消费者永远都具有吸引力，消费者都喜欢买到物美价廉的商品，如果能帮助他们实现这一目标，那就很容易赢得用户。我们来看看有哪些公司能够真正把低价做到极致。

我们先来看 Costco（开市客）。Costco 公司成立于 1976 年，是美国最大的连锁型量贩式超市，2019 年，它仍稳居全美第二大零售商、全球第七大零售商之位。Costco 公司是会员仓储批发俱乐部的创始者，它有个非常重要的特点，就是以低价而著称，它所提供的商品都低于市场价格。2019 年，Costco 在上海开了第一家门店，开业第一天超市就被挤爆。超低价模式如图 5-5 所示。

据统计，沃尔玛超市的 SKU（商品数）大概有几十万种，沃尔玛的低价靠的是它与其他大型超市不同的整体经营策略，它将不同门店的经营自主权和分散的供应商、渠道商集中起来，形成统一的经营模式，这样既提高了物流效率，又增强了它对合作伙伴的议价能力，使得其商品成本大大降低。然而 Costco 的 SKU 只有 3700 种，而且每一类产品的品牌也就 1 到 3 个。比如我们在普通超市里能看到几十个牙膏品牌，但是在 Costco，只有人们经常使用的 1 到 3 个品牌。正是因为这样的操作，Costco 确保了每一件单品都具有非常高的销售量，以此为条件来和它的供应商进行价格谈判，使它在整个商品供应链中占据非常有利的地位。

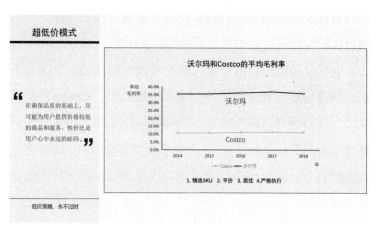

图 5-5　超低价模式

Costco 的超低价模式还有两个非常重要的原则：第一，它要求商场所有商品的毛利率不能超过 14%，如果超过 14% 就需要向 CEO 汇报，经过董事会的批准才可以。一般情况下，商家当然希望商品产生的毛利率越高越好，而在 Costco 却恰恰相反，它设定了一个利润的上限。第二，它对供应商有个要求，如果供应商提供的商品价格不是市面上最低的，那么这个商品将再也不会出现在 Costco 的货架上了。

就是这两条非常重要的原则，给 Costco 带来了高质量的商品以及低廉的价格。Costco 的平均毛利率只有 7%，而一般超市的毛利率可能在百分之十几左右。

Costco 对超低价模式的运用使它在这个领域独树一帜，这个模式的特点是，商品通过极低的价格销售给用户，但是以不影响或损害产品质量为前提。在市场上，任何用户都关注性价比，都希望以最低的价格获得最高品质的商品，这是用户在购买商品时心中非常重要的衡量标准。

小米公司给用户内心植入的形象就是小米是一个品质不错，但价格相对低廉的品牌。雷军正是采用了 Costco 的经营模式，使得用户认同小米是一个高性价比品牌。小米向用户解释了他们为什么低价——因为小米没有经销商，也不把钱花在广告上。这让用户消除了便宜没好货的疑虑，从而信任并选择小米产品。

此外，小米超低价模式的成功还在于，它在手机的线上销售渠道还未完全开发时抢占了先机，成为第一个线上销售手机的手机品牌。事实上，小米不单靠手机赚钱，也靠小米生态链中其他的产品，如小米电视、小米盒子、小米旅行箱、小米净化器等。小米的超低价模式其实是建立在其多样化盈利模式基础上的。

还有的企业通过宣扬与众不同的价值观来达到让用户购买低价产品的目的。台湾的一个老品牌超市——全联超市，曾经面临非常不乐观的市场前景。在经过研究分析后，管理者决定打出低价牌，并同时宣传他们新的消费观念来影响顾客——全联经济美学：用全联省下来的钱，可以帮你做其他更有意义的事情。在消费升级时代，消费者倾向于追求更高层次的消费活动，这个口号很好地满足了消费者的心理，用观念来推销低价产品的方法也使全联超市获得了成功。

在服装行业，优衣库是典型的运用超低价模式的品牌。优衣库不仅价格便宜，口碑还非常好，商品质量堪比大牌。优衣库玩转超低价模式的秘诀首先是主推经典款。优衣库的服装很多都是经典基础款，如纯色短袖、简约牛仔裤等，这些款式长盛不衰，而且消费者源源不断。这些经典款不像其他流行服饰需要花费大量研发和设计费用，而可以更多地关注质量。优衣库会严格控制衣服总量，其款式总量控制在1000件左右，力求做到零库存，不浪费。此外，优衣库有反应迅速的价格调整机制，当门店有滞销情况出现时，只要及时向总部反应，总部就可以很快根据数据分析调整价格。所以，超低价模式的运用要和很多运营模式结合在一起，才能更好地发挥作用。

总的来说，成功以低价取胜的品牌，都可以在它们身上看到商品种类多、高频消费品多等特点。小米、沃尔玛、Costco、优衣库、娃哈哈等品牌，无一不是商品种类十分丰富，且都是消费者需要经常购买的商品。这样，"薄利多销"的目标便可以很好地实现。

在航空业，西南航空也是运用超低价模式的高手，他们压低成本的手段就简单、直接得多。他们只开设短途航线，除基本的服务外不提供任何多余的服务。此外，他们的种种物料都采用成本低廉、可重复生产的材料制作。因此，西南航空是通过压缩成本的手段来践行超低价模式的。

除传统零售业在低价方面的应用之外，超低价模式在互联网行业同样能够得到非常好的应用，比如最近几年异军突起的电商品牌拼多多。拼多多业务主要集中在三四线城市和乡镇市场，这个市场拥有海量的用户基础，对于这些用户来说，他们对价格是非常敏感的，拼多多正是捕捉到这样一个商机，以提供极低价格的商品为这些用户服务。据统计，这些用户的特点主要体现为没有网购经验，知道淘宝但未能在淘宝形成消费习惯，或者淘宝满足不了他们的消费需求。只要商品的价格低，质量还算过得去，他们就会买账。

另外，拼多多的团购模式使其很容易在类型相似的消费者中推广，从而使拼多多的用户呈指数级增长。提供极低价格商品的背后，是拼多多对于供应链和数据的掌控，它让用户分享超低价格的商品，为它向供应商压价带来了空间。这家公司2015年成立，2018年就登陆了纳斯达克，这是超低价模式给拼多多带来的成功。拼多多采用了低价策略，同时结合了C2B（消费者到企业）反向供应链以及圈层营销这一系列商业模式，大获成功。创办不到三年，拼多多在上海和纽约同时敲钟，在纳斯达克完成上市，2019年市值就超过了京东。

低价其实是商业世界里一条永恒的标准。在你的行业中，如果你能在保障产品品质的前提下做到低价，那你一定会找到自己的竞争优势。当然要做到低价，SKU的选择就必须尽可能小，比如你只能选择那些使用最广泛的商品。同时你对于供应链的把控也要足够强势，能从供应商那边获得最高利润和最低成本的商品。最后，超低价模式可以跟其他商业模式结合使用，确保超低价模式更有成效。

34 零中间商模式：
传统但有效的模式

不让中间商赚差价，这个商业模式叫作零中间商模式。具体来说，就是去除掉中间环节，不需要经销商，不需要渠道商，直接面对最终用户，为他们提供产品或者服务。零中间商模式如图 5-6 所示。

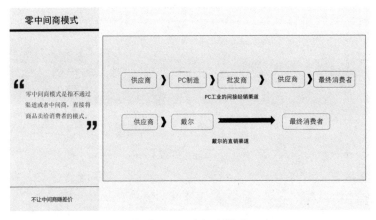

图 5-6　零中间商模式

提到零中间商模式，代表性企业一定是戴尔。早期的老牌电脑企业都是通过大量的中间商和经销商来销售电脑，然而 1984 年戴尔诞生以后，打破了这一局面，免去中间商渠道，所有的用户都可以通过电话的方式直接订购电脑，通过 C2B

的方式，客户直接向戴尔下订单，戴尔按单生产。

戴尔具体的营销方式包括电话营销、网络营销、销售人员零中间商模式和邮购零中间商等模式。电话营销就是通过电话有组织、有效率地扩大和维护戴尔的用户群。在这一模式中，戴尔可以通过他们的电脑和电话集成系统收集用户信息，并建成用户信息数据库。这些数据可以用来分析用户对产品的喜好和评价等，是戴尔公司改进生产可以用到的一手信息。网络营销是最主要的零中间商模式，用户直接通过戴尔提供的互联网系统来查询订单，戴尔也直接通过互联网向用户提供服务和支持，实现了公司与用户的面对面接触，既提高了效率，也提高了服务质量。销售人员零中间商模式则以人为主，销售人员在推销过程中直接与用户接触，通过面对面的沟通来获得用户的反馈，并及时对销售模式进行调整，具有更好的灵活性。邮购零中间商模式则是通过邮递直接把商品寄给用户。

这一模式打破了原有的经销商模式，零中间商模式使得戴尔公司能更好地了解最终用户，了解他们最新的需求，并且对它的产品进行调整。这是电脑制造行业最早运用的零中间商模式的例子。

在日用消费品行业，有一个名字你一定不会陌生，那就是安利。安利也是零中间商模式的代表。但是与戴尔不同的是，安利招募了大批地面销售人员作为零中间商模式的代表，销售人员直接向用户推销安利的产品。

另外，安利的销售人员可以招募或培养其下一级人员，组成一个销售团队。安利在这个过程中建立了大批的零中间商模式团队，使它的产品能够最快地进入用户的手中，通过这个模式，安利缔造了一个庞大的零中间商帝国。

过去像安利这种零中间商模式主要是借助人海战术，但是今天在互联网时代，技术给我们带来了极大的便利性。互联网把商品和用户中间的桥梁打断了，可以让生产商和用户直接关联。企业通过企业官网、手机 App 或微信公众号就可以直接和用户进行沟通、交流，开展销售以及客服工作。

所以，在互联网时代，零中间商模式又发生了一些新的变化，比如机票的销售。过去航空公司在销售航空机票的时候，更多的是通过中间渠道，比如携程这样的 OTA（Online Travel Agency，在线旅游机构）。通过 OTA 销售的机票通常会占到整个航空公司销售机票比例的 70%～80%。

但在 2014 年之后，这一格局发生了改变。2014 年，多家航空公司宣称要降低 OTA 在机票销售中的比例，而更多的让用户通过官网、企业 App，以及拨打客服电话的方式订购机票，而且保证通过零中间商模式订购的机票价格会更优惠，因为不需要支付给中间商费用了。到 2017 年，三大航空公司国航、东航、南航的代理费用下降了 63.1%。目前，三大航空公司的零中间商模式比例已经超过了一半。这就是互联网让零中间商模式产生的新变化。

酒店行业也是如此。在酒店业发展的初期阶段，用户是通过走进门店询问的方式预订酒店。后来，随着通信技术的发展，人们开始采用电话或者电子邮件联系酒店进行预订。再后来酒店代理商在网络上如雨后春笋般发展起来，使得人们的酒店预订习惯发生了很大变化。例如携程、马蜂窝等这些典型的OTA，他们把酒店的信息汇聚起来，用户可以在电脑端或者手机端十分方便地对酒店进行对比、选择和预订。同时OTA在酒店的营业额中会抽掉一部分比例，作为它们的代理费。

在酒店行业呈爆发式增长的近几年，大型酒店集团都意识到应该对代理营销模式进行改革。他们开始研究和践行零中间商模式，以更好地优化营销渠道，降低分销成本，提高盈利空间。当今，随着微信用户越来越多，很多酒店也抓住时机让自己的官方微信小程序上线，让用户可以直接在微信小程序上通过官方渠道预订酒店。此外，还有其他各种渠道，诸如官方微信公众号、官方手机App、订票官网等，都被很多酒店所采用。

提升零中间商模式比例已经成为酒店业的共识，国内知名酒店集团锦江集团已经推出了自有平台——Qehotel。华住、亚朵、如家等酒店集团也在往零中间商模式方向发展，现在多数酒店集团的零中间商模式比例都在稳步提高。在酒店直接面对用户的过程中，企业可以很方便地收集各种用户数据，以这些一手数据来分析用户的喜好、习惯等，从而更好地改进业务，使其不断向着良性的方向发展。这也是零中间商模式带来的一个变化。

还有很多公司，比如小米公司也采用零中间商模式，通过官网或自己建立直营店铺来销售手机和其他产品。在这个过程中，公司与用户可以直接进行互动和交流，提升了用户的参与感，产生了非常好的效果。此外，服饰品牌、家居品牌等行业的"直营店"，其实也属于零中间商模式，这个模式既可以让他们减少在代理商身上花掉的成本，也可以直接获得用户反馈，从而灵活地调整发展方向。

请你思考一下，在你的行业或领域中，零中间商模式运用得如何？我想你可能已经通过微信公众号等一系列渠道来进行零中间商模式的尝试。

这个模式给我们带来的启发是，如果在我们的行业和公司中采用零中间商模式，那么你是采用线下销售人员零中间商模式，还是线上零中间商模式？如果你有自己的经销商和中间商，你如何平衡零中间商模式和中间商之间的利益关系？这都是我们在采用零中间商模式过程中需要思考的问题。

35 品牌矩阵模式：
捕捉每一个细分用户的方法

提到 OPPO、一加和 Realme，会让你想到什么？这是三家不同的公司吗？不对，这三个不同的手机品牌其实属于同一家公司——OPPO 公司。为什么 OPPO 公司要推出三种不同的手机品牌？那是因为它们针对的市场不同。OPPO 主要针对的是国内市场，而一加和 Realme 主要针对的是海外市场。一加科技也是采用和小米产品类似的高性价比理念，但是从一开始成立就是在海外发展，致力于成为国际知名品牌。2018 年一加在印度的市场份额已经达到 40%，成为印度高端智能手机市场销量第一的品牌。

早期 OPPO 在印度智能手机市场的销售也遭遇过滑铁卢，这一挫折提醒了 OPPO 不能把鸡蛋放在同一个篮子里。经过研究分析后，OPPO 开始重视印度中低端的手机市场，因此研发出了子品牌 Realme 手机并投入生产，将其销售渠道定位为和一加同样的线上销售。自此，OPPO 手机的多品牌布局成型，OPPO 针对国内的线下中低端手机市场，一加和 Realme 则分别专注于海外线上的高端市场和中低端市场。

针对不同用户群的不同需求，提供不同的产品定位和产品品牌,这个商业模式就叫品牌矩阵模式。

除 OPPO 以外,中国手机市场的另一巨头——华为,也采用了品牌矩阵模式。荣耀、Nova、Mate、P 这几个品牌都是华为旗下的,用于主攻不同的市场。华为总裁任正非在很早的时候就表示要攻入性价比手机市场,其"荣耀"系列的定位就是高性价比手机,主要消费群体为中低收入人群,主要和小米、Vivo 等品牌竞争。Nova 手机则主打女性牌,将相当一部分的注意力放在了手机的外观设计上,用时尚的造型去和其他时尚手机品牌竞争女性市场。同时,Nova 也是一个线下手机品牌,和其他线下销售的手机品牌竞争线下市场。

Mate 和 P 定位于高端市场,其高级的配置受到商务人士的青睐,其质量甚至可以与三星和苹果相匹敌。所以华为将品牌矩阵模式很好地应用起来,在中低端市场、高端市场、女性市场、线下和线上市场都占有一席之地。华为在所有的市场中全面发力,2019 年全年智能手机发货量超过 2.4 亿台,其中 Mate 和 P 系列同比增长超 50%,而华为 5G 手机总发货量为 690 万台,市场份额创新高。

提到品牌矩阵模式,一定不能忽视的一家公司就是宝洁公司。宝洁公司作为一家大型跨国日用品企业,其产品种类非常多,从香皂、牙膏、洗发水,到洗涤剂、卫生巾、烘焙粉等,产品覆盖了洗护用品、厨房用品、卫生用品、食品等多个领域。我们耳熟能详的汰渍、潘婷、舒肤佳、佳洁士、护舒宝等牌子,都是宝洁公司品牌家族中的一员。品牌矩阵模式如图 5-7 所示。

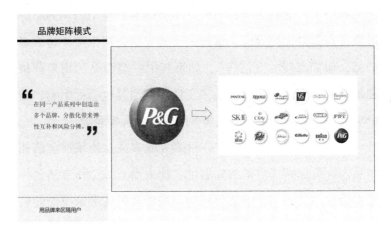

图 5-7　品牌矩阵模式

这些同类产品中不同品牌的区别,不仅体现在功能上,还体现在价格上,它们甚至还被赋予了不同的品牌气质和价值观。它们帮助宝洁占据了领域内过半的市场份额,令其他单一品牌望尘莫及。

宝洁公司的品牌矩阵模式是值得很多公司学习和效仿的,我们经常看到的不同的洗发水品牌,如潘婷、飘柔、海飞丝等,都是宝洁旗下的。为什么同样的洗发水要设置不同的品牌?这是因为用户的需求是不同的,哪怕是细微的差异都可能是一个巨大的市场。例如,潘婷主打的是营养滋润功能,海飞丝主打去屑功能,飘柔主打柔顺功能,这些不重合的侧重点旨在满足不同群体的不同需求,所以每个子品牌都在自己的细分领域有着自己的发展空间。

另外，设置不同的品牌，也是对母品牌的保护。当某个子品牌的销售受到影响的时候，不会影响到整个公司的品牌形象，这就是保护效应。试想一下，宝洁公司生产了这么多产品，假如都叫"宝洁牌"，如果其中一类商品的用户评价和销售情况不好，那么其他"宝洁牌"产品也会受影响，整个宝洁公司就不可能发展成为今天这样的大型企业。

由于子品牌覆盖范围广，很多人或多或少使用过宝洁的产品，这也提高了宝洁的知名度，让人潜意识觉得宝洁是一家实力雄厚的公司。宝洁公司的品牌矩阵模式带给我们的启发是，一方面，日化领域的竞争是非常激烈的，而且细分领域非常多，如果宝洁不拆分自己的品牌，而只是给用户提供一种选择，那这种做法就会给市场上其他品牌留下不小的空间。

另一方面，用户不可能永远只对一个品牌感兴趣，当用户使用某个品牌洗发水半年或者一年后，如果想尝试更换新的品牌，这个时候他或许还会落入宝洁的品牌线里去，这也是宝洁从用户的角度做的多品牌设计的思考，这样的做法对竞争对手的打击是巨大的。一个洗发水市场，宝洁就占据了三个主要品牌，用户的记忆基本被占满了，其他品牌想要胜出实在太难了。

在其他一些行业，也会看到品牌矩阵模式的应用。比如乳制品行业。光明、蒙牛、伊利等企业都拥有不同类型的子品牌，有高端的，也有低端的，比如特仑苏就是蒙牛旗下针对高端人群设定的一个子品牌,如果大众认为蒙牛是一个性价比高的品牌,高端人士就会选择特仑苏。

除针对高低端市场的细分之外,蒙牛还有更多细分产品用于提供给不同的消费人群。例如,常温液态奶有乳饮料系列、奶白奶系列、花色奶系列、儿童奶系列等;奶粉则有婴幼儿奶粉、奶茶粉、成人奶粉等;其他类型的牛奶饮品还有酸奶、真果粒、优酸乳、新养道、冠益乳等,总共不下一百种产品。事实上,蒙牛已经成为一个庞大的"牛奶帝国"。

食品饮料行业还有一个类似的例子,就是娃哈哈。娃哈哈的生产线有五大分支,分别是奶制品、水、茶、碳酸饮料、八宝粥。除碳酸饮料和茶以外,其他战略子品牌在国内各自领域内均保持领先的位置。这些产品线都是互相关联的,这样的关联性使得产品间可以进行技术、机器、研发成果和人力资源等方面的互相利用和补充,甚至可以实现季节交替生产,使得娃哈哈具有更多战略规划的可能性。总体来说,行业中其他竞争对手单薄的产品线是很难与娃哈哈丰满的产品线相抗衡的,这就是娃哈哈的品牌矩阵模式所产生的强大威力。

同样,在服装行业也存在品牌矩阵模式的尝试。例如,百丽集团是一家鞋业公司,拥有 Tata、Teenmix、Staccato、FATO 等六个自有品牌,以及真美诗、Bata 两个特许品牌,此外还是耐克、阿迪达斯等国际大品牌的分销商。凭借这样的品牌矩阵优势,百丽与诸多商场建立了战略合作关系,但凡有大商场开业都会邀请百丽入驻，百丽成为鞋商中的主导品牌，在与商场的合作中占据优势地位。

这就是品牌矩阵模式带来的价值，第一，它可以让用户有更多的选择；第二，它能够让品牌之间形成保护效应。

在你的产品中，是否还有一些用户层级的需求没有被覆盖到？你是否可以用更多的品牌或者子品牌去满足用户需求，同时这些品牌对于母品牌形成一定的保护，产生品牌协同的效应？这就是品牌矩阵模式给我们带来的思考。

第六篇

未来商业模式篇

CHAPTER 6

36 大规模定制模式：
如何将生产规模化和用户个性化完美结合？

如果你早餐喜欢吃麦片，又厌烦日常超市里提供的那几种选择，那怎么办呢？有一家名字叫作 Mymuesli 的公司，它可以在线提供多达 5000 种不同的麦片和谷物。你可以在线选择，然后公司根据你的需求为你提供每天不一样的麦片早餐组合。这就是我们今天要讲的大规模定制模式，如下图 6-1 所示。

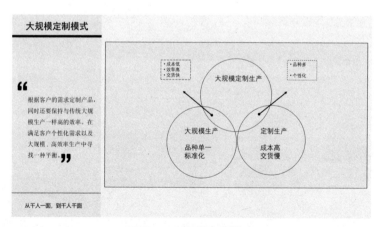

图 6-1　大规模定制模式

在过去，我们可能觉得这种需求略微有些挑剔，但是这样的需求也许就是明天的趋势。因为以往更多的是标准化产品,但今天的消费者追求的是更加彰显自我和个性的商品,他们希望在产品或服务上有他们自己的属性和特征,越与众不同,他们越觉得有价值。这也是今天所有企业应该追求的方向,即如何在满足用户个性化需求的同时,又能实现大规模生产。但是,如果做不到大规模的个性化生产,那么每一个个性化生产对企业来说就意味着高成本,并最终导致企业入不敷出。

这种大规模定制的好处是用户不用额外付出更高的成本,就能够获得满足自己个性化需求的产品,这对企业来说是一种发展趋势,同时更有价值的一点是,通过这种方式,企业能够更加了解用户的需求是什么。通过对这些用户需求和数据进行分析,企业就能够找到未来的定位和发展方向,在竞争当中获得先机。

很多企业在大规模定制方面做得非常出色。比如在服装行业中,有一家专门生产牛仔裤的企业叫李维斯,它为用户提供上千款的牛仔裤定制服务。作为消费者,你只需要在它的网站上设定好规格、标准以及你希望的颜色或款式,这些数据就会进入它的后台处理系统,在两到三周以后,你就可以在专卖店拿到一条专属于你的牛仔裤。这就是李维斯对于大规模定制模式的运用,正是因为这样的服务,使得李维斯在众多牛仔裤企业的竞争当中脱颖而出。

从全球来看,以前的制造业重点是以产品为导向,随着时代的变迁,制造业越来越向以用户为导向的方向发展。为了满足用户的需要，很多行业越来越多地发展个性化定制。但是，大规模生产是很多制造业公司赖以生存的方式，而大规模生产和个性化定制又是冲突的。在此背景下，工业制造业的大规模定制模式产生。

在欧美地区，有很多企业开始了大规模定制的探索。在美国和德国，他们在尝试用信息化带动工业化的路径来推动"工业互联网"，并通过这样的尝试来搭建"个性化"和"规模化"之间的桥梁，进而带动制造业向"智能制造"的道路升级。

在中国，海尔在这方面也有所尝试。海尔在2017年创建的COSMOPlat就是一个专门给用户提供大规模定制的工业互联网平台，这个平台将交互设计、采购、物流等多个模块进行社会化的推广。如果你要买一台冰箱，你可以在这个平台上选择你想要的功能、颜色，甚至可以写上你自己的名字。几周之后，一台专属你的独一无二的冰箱就会送到你的家里。海尔在产品生产的全过程都坚持以用户需求为核心，在产品制造工厂和用户之间搭建了一座桥梁。在这个平台上，用户可以全流程参与产品的生产，包括产品设计、生产制造、物流交付等流程。在这种体系下，用户不再是一个无法看到产品线，只能在产品线的终端购买产品的消费者，而是多了设计者和生产者的身份。这样一来，海尔通过这个平台，既可以实现大规模制造，又可以和个性化定制毫不冲突。

海尔COSMOPlat采用的是一种由用户需求驱动的生产

模式，即 Mind to Deliver（用户参与从创意到交付的全流程）。这完全不同于以前由企业研发部门研发产品，再由市场部门预测市场需求，最后由生产部门完成生产的制造业流程。

对用户来说，COSMOPlat 全流程互联互通，所有的资源都可以与自己直接互联，每个节点都可以实时接受自己的意见，使产品个性化定制的需求得到充分满足。

海尔还发布了大规模定制全流程标准，填补了国际空白。2017年，在青岛举行的"国际标准化论坛"上，全球家电业首个智能制造创新联盟向全球发布了由海尔主导的"家电业大规模定制通用技术规范"，对大规模定制的各个环节，包括用户交互、研发设计、数字营销、模块采购、柔性生产等全流程节点规定了要求与标准，通过对用户全流程个性化体验需求的满足，来提升产业柔性化、数字化及智能化水平。同时，该标准简化了外部中间商环节，打通了企业内部流程，彻底消除了企业和用户之间的效率迟延和信息失真的问题，让企业和用户直接互联。与大规模定制标准一同发布的还有"工业云建设及应用规范、通用要求""家电智能制造执行系统（MES）"两项标准，这些标准均是用户体验标准，也是全球唯一以用户为中心的智能制造标准。

对于海尔的大规模定制流程，来自全球三大标准组织 IEC/TC61（国际电工委员会第 61 技术委员会）主席 Fabio Gargantini（法比奥·加兰蒂尼）表示："海尔改变了制造商和用户的关系。以前用户是被动的，而现在他们是主动的，他们正在扮演着比以往更重要的角色。一个真正的工业互联网平台,就应该像COSMOPlat这样,可以允许用户从头到尾参与。这个系统最核心的一点就是用户自己对产品进行赋能,系统把用户的反馈精准地传达给制造方,让制造方更理解用户行为。"

未来个性化需求一定会成为用户的基本诉求,大规模定制模式一定会越来越普及。对于一家企业来说,如何能够结合这两方面,既能做到个性化,又能达到大规模生产,是今后发展中必须要思考的问题。大规模的个性化生产对于企业的生产能力和供应链的要求是非常高的,生产能力和供应链能否做到模块化和柔性化,决定了企业是否能为用户提供大规模的个性化定制产品,在这个基础上获得企业的竞争力和利润。这是未来用户的需求,也是生产和制造企业必须努力的方向。

37 区块链模式：
被误读的、颠覆性的技术模式

这一节要讲的模式和区块链技术有关。区块链技术被认为是未来几大趋势性技术之一。在区块链技术的发展趋势下，一定会有很多商业应用为人们带来一些新的认识。

在过去的几年里，国内人们对于区块链的理解可能有些偏差，人们把区块链简单地与"炒币"画等号，认为区块链就是各种各样的数字货币和虚拟货币，如比特币等，但这其实只是区块链技术的应用之一。

比特币的概念最早在2018年由日本的中本聪提出，它是由一串串复杂的代码，结合密码学原理形成的一种加密数字货币。比特币的特点包括：第一，账本是公开的，每个人都可以看到账本的过往历史记录；第二，所有账本都是不可篡改的；第三，比特币的整个体系是去中心化的，没有一个像央行一样的发币组织，它是自行运转的一个公共性组织。

区块链的应用不仅局限于此，因为区块链所产生的价值在于它能够营造一个去中心化的组织。在这个组织或平台上，人们是基于信任而进行价值交换的，这会让我们对商业的本质做出更多有益的思考。区块链模式如图6-2所示。

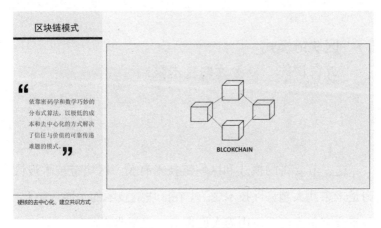

图 6-2　区块链模式

过去我们在微博、Facebook 或者微信公众号上发表文章，这些创作内容其实很多都被收集起来卖给广告商了，而内容的创造者并没有获得收益。

通过区块链技术，内容的创造者就可以获得相应的收益。比如 Steemit 就是这样一个平台。Steemit 是一个去中心化的平台，类似于简书，或者说是去中心化的微信公众号，它会通过一些内部的激励机制鼓励大家发表优质文章。而奖励是通过人们的自动点赞和发表评论来分配的。

作为创作者，在这个过程中就可以获得更多的激励和奖励，这些激励和奖励不属于任何一个平台，而属于平台上的每一个个体，不论你是内容的创造者，还是内容的阅读者。这是每个个体基于区块链所创造的价值。

国内的一些互联网巨头也在区块链技术的应用方面作出

了一些积极的探索，有的还建立了区块链实验室，比如蚂蚁金服的区块链技术已经应用到食品安全溯源、商品正品保障等领域，在公益领域也能看到区块链技术的应用。

对于电商来说，区块链技术更有价值。区块链技术普遍被认为在解决整个社会的信任机制方面作用明显，因为任何双方不需要担保就可以进行交易或者协助。而无论淘宝还是支付宝，他们一直将信任视为其立身之本。

区块链技术不仅可以增加用户对电商平台的信任度，还可以被应用到社会的各个方面解决信任成本过高、透明度较低以及隐私泄露等问题。

今天，整个互联网和科技领域已经被一些巨头所占据，而越来越多的分布式去中心化的组织希望通过不同的方式将市场规则重新改写，这也是区块链被很多人寄予重望的原因。

但是目前区块链技术的发展还没有达到成熟的阶段，它在商业上的应用还远远不够。因为区块链技术处理数据的速度还比较慢，还达不到商业领域的发展要求。而且并不是所有领域都需要区块链技术，区块链技术对于那些需要多元化、去中心化、以信任为基础的组织，可能更有意义。

38 社群电商模式：
基于兴趣、个性化需求的圈子的销售方式

你平时有没有通过微信朋友圈或者微博购买过熟人的东西？你有没有加入过一些大 V 的群，在其中学习知识？这个商业模式就是社群电商模式，如图 6-3 所示。

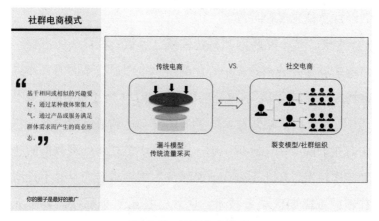

图 6-3　社群电商模式

提起社群电商，我想一定要提到两个人。第一个人，他从 2012 年开始，每天早上坚持用 60 秒的语音给大家发布一段信息，这个人就是罗振宇。之后他创建了"罗辑思维"微信公众号，以及后来名为"得到"的公司。今天，有大批的用户和粉丝在得到 App 上跟他们的大神或者他们欣赏的 KOL

学习各种各样的知识。

除此之外，财经作家吴晓波也在2014年5月创建了其自媒体节目"吴晓波频道"，仅上线两个多月，总播放量就逼近1亿大关。用户在"吴晓波频道"上可以收听吴晓波每天的语音节目和对财经的评析。之后"吴晓波频道"又开展了一系列电商活动进行各类商品的销售。这就是典型的社群电商模式。

社群电商模式是基于用户相同或相似的兴趣爱好，通过某些载体，比如微信群、微博这样的平台聚集人气，然后通过产品或服务去满足这个群体的需求，从而产生的一种商业形态。

我们来看看罗振宇的社群电商模式。罗振宇最开始做的是视频自媒体，随着粉丝和点击量的增加，这个自媒体逐渐火爆起来，后来融合了社群电商、粉丝营销以后，其品牌"罗辑思维"更是如日中天。罗振宇的"罗辑思维"是建立在微信平台上的，他的社群电商模式主要通过微信群来实现。按照罗振宇所说，他把其社群会员费设置为200元，这样就辨别出了真正属于罗振宇的那些用户，可以通过这些用户去寻找真正的志趣相投者。在罗振宇的社群电商模式里，社群的构建是非常重要的。例如，在"罗辑思维"群里可能会产生自己的产业，比如说做月饼。相关人会组织社群里的人一起来做，产品可以在社群内外销售。此外，罗振宇还会在"罗辑思维"社群里组织相亲活动，让会员进行深入互动，建立会员的归属感。在"罗辑思维"群里还可以迅速地召集会员们一起进行某种行动，比如会员们想去旅游，如果群内某家公司乐意出钱，那么旅行团很快就会组建好。

为什么社群电商会在今天诞生？其实从电商的发展历史来看，其经历了不同的阶段。第一个阶段的电商叫作平台型电商，如早期淘宝这样的PC（个人计算机）端的电商模式。第二个阶段是移动端电商，我们通过手机上的电商平台去购买产品。而今天的电商进入了一个新的阶段，就是社群电商。

社群电商诞生的第一个很重要的依托就是微信，通过微信人们可以更容易地进行交流、分享和聚集，这为社群电商的产生奠定了基础。社群电商诞生的第二个重要原因是，如今的流量越来越贵了。如今我们很难用之前平台电商的方式获取大量的用户，而只能通过人和人之间的连接去获得更多的用户。通过这样的方法来获取流量和用户，这就是社群电商产生的基础。

今天社群电商又跟其他的形式进行结合，比如跟团购结合，又产生了新的电商形态，如大家非常熟悉的拼多多、云集电商等。这种方式是，通过熟人之间的社交，同时叠加团购的价格优势来完成商品的销售。就像几个小姐妹去逛街，柜员说，如果你们几个人都买这款衣服，我就给你们便宜一百块钱。这些用户会欣然接受这种低价促销的方式，这就是拼多多的魅力。

社群电商模式的优势在于，社群聚集的是一群有相似特点的用户，这些用户之间的相互交流不会有什么阻碍，比较顺畅。而且在这些大社群中，用户可以通过不同人的评价更为客观地认识某种商品，避免踩雷。此外，在一个社群中，用户的分享是真实的，是具有借鉴意义的，因此对买家来说是更为有效的。除借鉴别人的分享以外，用户也可以分享自己使用商品的体验，让购物过程变得更加有趣。

我们来具体看看拼多多是怎么应用社群电商模式的。在社群电商模式里有很多种细分模式，拼多多采用的是拼团模式。它的优势是，用户组团购买商品的价格比单独购买要便宜，而且拼团的人越多越便宜。具体的流程大概是：用户选择商品，支付并开团或参团，然后把商品拼团链接分享给好友，如果拼团人数达到标准则拼团成功，商家发货；如果拼团失败了，商家就将款项原路退回。

社群电商模式非常考验企业的运营能力，拼多多在研究了社交规律和用户心理特点后，用不同的砍价形式打出"组合拳"，在社交平台上无孔不入，俘获人心。例如，对于同一款商品，拼多多的交易方式有拼团、砍价、红包、助力等方式，有的人比较在意商品的价格，同时有很多好友，那么他就可以通过砍价、助力等方式来获得便宜的价格。而有的人人脉不多，又想占点小便宜，就可以通过拼团、红包等方式获得较为便宜的商品。实际上拼多多的交易策略还有很多，例如，限时秒杀、品牌清仓、名品折扣、9块9特卖等是利用了用户极易产生的消费冲动；天天领现金、转盘领现金是为了增强老用户的黏性，培养其使用拼多多的习惯，也为了让老用户将拼多多分享给好友；爱逛街、时尚穿搭、海淘等则是为了满足不同用户对不同层次商品的需求。拼多多的运营方式是有针对性的，有系统的理论和实践支撑的，是在洞悉了社交规律以后实施的营销手段。

除在交易方式上下工夫以外，拼多多还设置了"多多果园"这一游戏，它和支付宝的"蚂蚁庄园"类似，都是养成类游戏。在这一游戏中，如果你完成一项任务，如点击浏览商品、邀请好友、将商品分享给好友、成功拼团等，那么用户就可以领取水滴去给果园浇水。在果园浇水得到的成就又可以反过来让用户在购买商品时得到一些优惠。通过这款游戏，拼多多便可以有效地拉近和用户的距离，提高用户的留存率和转化率。除完成任务以外，这款游戏还利用很多方法结合到拼多多的运营中，完成它想达到的目的。即使只是游戏在后台运行时给用户弹出一个在某时间段领取浇水机会的弹窗，它的作用也非常大——加深拼多多在用户脑海中的印象，提高拼多多的点击率，增加用户黏性。

看到拼团模式的好处后，许多电商都来分拼团这块蛋糕。例如，淘宝特价版 App，京东的"天天拼团"模块，还有苏宁易购的"乐拼购"，都在很大程度上借鉴了拼多多的商业模式。据有关部门统计，截至 2019 年年底，中国的拼团电商用户规模已经达到 6 亿人。

拼多多这家公司诞生的时间并不长，却只用两年多的时间就登陆了纳斯达克，现在的市值已经超过京东。这就是社群电商模式的魅力。

电商的销售形态一直在不断地发生演变。如果你作为电商去销售产品、服务或者知识，则可能需要更多地了解社群这个概念。建立和运营好你的社群，让你的产品得以快速地推广和销售。

39 开源创新模式：
做大蛋糕的最有效方式

一家公司的专利技术或者核心产品，往往都是公司最核心的机密，每一家公司都会把它保管好。然而，有些公司却反其道而行，把它们的运营基础跟更多人共享。这就是开源创新模式，如图6-4所示。

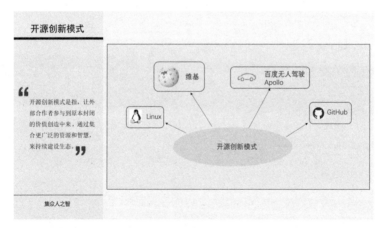

图6-4　开源创新模式

提到开源创新，就不得不提 Linux。Linux 是一套软件操作系统，它最大的优势就是开放型的开发模式。在全球范围内，有超过 200 万个志愿者投入到了整个 Linux 软件平台的开发工作中,这些开发者不乏一些大公司的成员,包括IBM、英特尔或者Google这样的一些大公司。Linux能汇集如此多的开发创新人才,这是任何一家软件公司都无法做到的。

在Linux快速发展期间,Google打造了安卓操作系统,主宰了大半个手机市场。和苹果的操作系统不同,安卓操作系统是完全开源的。所有新兴的软件公司或者手机公司,都可以在开源的代码上快速而低价地创建自己专业的产品。

说回Linux。Linux日益强大,成为整个互联网经济的基石,这就是开源创新模式所产生的价值。开源创新模式的特点在于,借助外在的、更多的资源一起去开发核心的、专业的技术或者有价值的产品。

Linux有如此多内核维护者在不断地开发资源,Linux内核不断变大的规模导致了它的复杂性。Linux的创始人Linus Torvalds认为,在这个过程中,开源创新模式使得复杂性问题得到解决,并且也成为Linux成功的核心要素。他表示:"如果出现了复杂性,你无法在封闭的环境中去管理它,你需要让那些真正发现问题的人去参与并帮助解决它。处理复杂性的唯一方法是公开交换意见。"

这样的好处是集合了更多的资源,但这对于平台的发起者来说,商业思维就要发生一些改变。传统的商业思维是强调所有权的,但今天在互联网时代、在共享经济的大潮下,人们关注的不仅是所有权,还有每个人的价值,或者为社会创造的价值。这就是开源创新模式的思想前提。

开源创新模式会给一些行业带来非常大的价值。我们来看一看在游戏行业非常出色的Valve公司（维尔福软件公司）。Valve曾经在1998年推出了第一款射击游戏《半条命》。后来人们在《半条命》的运营基础上，又研发了史上最受欢迎的网络游戏《反恐精英》。随后Valve又利用这种开源创新的游戏开发模式创建了一个平台，叫作Steam。

通常游戏生产商会通过自己的平台来分销游戏产品，他们认为这些产品属于企业的核心竞争力，需要好好保护起来。然而在2005年，Valve又反其道而行，它允许世界上任何一个游戏开发厂商使用Valve的平台Steam分销他们的产品，但是每一家公司必须向Valve支付10%~14%的佣金作为回报。

目前，Steam平台上汇集了上万款可以自由下载的游戏，Steam成为全球最大的综合性数字发行平台之一。其创始人加布·纽维尔说，游戏将会成为互联经济的新亮点。在互联经济中，未来的绝大多数商品和服务将由个人而非公司创造。

为了说明Linux的光明前景，还要回溯到计算机厂商利用专利技术进行市场垄断的年代。为了打击竞争对手，计算机厂商使新型的开放系统和专有的计算机硬件变得不兼容。如今，PC游戏正在经历创新，其中最有生机的发展来自开源社区。

纽维尔表示，专有系统会阻碍游戏产业的发展。举例来说，Valve花了6个月时间才获得苹果公司批准，为它的一个iPad游戏升级。这样的情况将不会发生在基于Linux系统的开源环境中。

近年来，计算机销量一年比一年下降，但是 PC 游戏销量并没有随之低迷，开源性的、利于创新的游戏系统已经出现。游戏的大众化导致游戏创作者和游戏消费者之间的界线变得模糊。比如说，军团要塞（Team Fortress）社区开发的游戏是 Valve 开发人员开发游戏的 10 倍。所以，开源模式也许就是游戏行业的未来。

在这个领域中，还有很多开源创新的例子，包括百度推出的阿波罗无人驾驶 AI 平台、软件项目托管平台 GitHub 等，这些都是以开源创新的模式为用户服务的。

这一模式给我们的启示就是，能否从商业逻辑上做一点转换，从过去的商业所有权模式转换成一种共享共建的模式。以这种模式形成行业的标准，你就可以从中获取你应得的利益。

40 众包模式：
web 2.0 如何集众人之智？

我想你一定用过微信里的微表情，这些表情有收费的，也有免费的，都非常可爱。其实微信官方从来没有推出任何一款官方表情，那么那这些表情都来自哪里呢？

2015年，微信推出了微信表情开放平台，任何人都可以注册成为设计师，参与微信表情的设计，然后通过售卖分成获得报酬。在开放平台的激励下，这一个服务于10亿人的微信表情包就获得了源源不断的供应。而且由于表情包来自民间，它更容易被大众所接受，并得到快速传播。这其中产生作用的模式叫作众包模式，如图 6-5 所示。

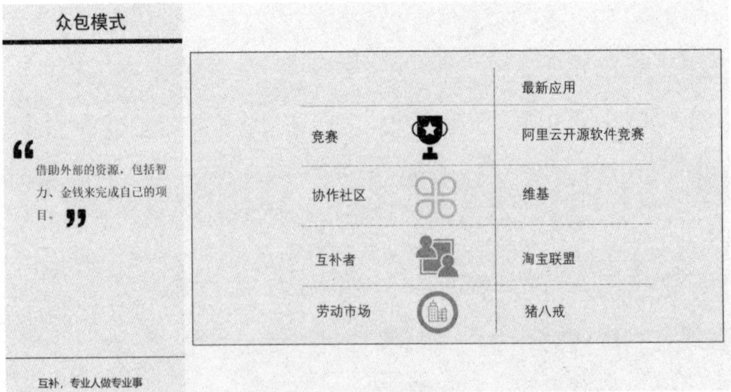

众包模式

"借助外部的资源，包括智力、金钱来完成自己的项目。"

		最新应用
竞赛	🏆	阿里云开源软件竞赛
协作社区	♣	维基
互补者	👥	淘宝联盟
劳动市场	📋	猪八戒

互补，专业人做专业事

图 6-5　众包模式

众包模式的核心是，如何集合外部的、大众的智力或财力资源，以及其他的专业技能，共建我们需要的东西，达成我们想要的目标。

提到众包模式，一个典型的例子就是维基百科。维基百科是全世界的人共同编辑的一本百科全书，整个网站的内容都来自大家自发的编辑，不断地更新，不断地完善，使它更加全面和精准。它显示出了高度多元化的、多方进行大规模合作的可能性。维基百科正是众包模式的产物。

一些企业也在利用众包模式做更多创意性的东西，比如礼来公司。礼来是一家位于美国的全球性制药企业，他们有一个平台叫作 Innocentive，其实就是 Innovation（创新）和 Incentive（激励）组成的一个平台。这个平台可以解决礼来公司关于制药、研发方面的一系列难题。他们把这些需求发到这个平台上，然后由来自全球的专业人士、医务人士和学者对这些问题作出解答。

后来这个平台不限于在医药方面成为一个重要的全球创新聚集平台，而是逐渐地开放，聚焦了来自各个方面的创新，产生了巨大的商业价值。正如其定义的核心价值"开放创新"那样，其平台运作方式其实就是聚集全世界的聪明脑袋来解决问题，并形成良性循环。

这些人是礼来这个创新中心里的"威客/众包科研人才"。遇到技术难题的企业，可以把他们的难题放到这个平台上，花钱寻找解决这个难题的方法。有空余时间的科研精英们会来解答自己能解决的问题，解决了就能拿走"悬赏金"。这个平台吸引了很多非常知名的大企业，包括杜邦、宝洁、波音，甚至美国国家宇航局（NASA）等。就拿宝洁来说，在入驻 Innocentive 后，其公司外部的创新比例明显提高，也就是说宝洁把更多的难题交给了众包来解决。至今，Innocentive 的众包模式已经帮助美国国家宇航局解决了太阳耀斑问题，帮宝洁解决了电动牙刷技术问题，甚至还为联合国妇女儿童组织解决过问题。

众包模式，有通过协作的方式进行众包，也有通过技能互补的方式进行众包，还有通过竞赛的方式进行众包。

我们来看一家叫作默克制药公司的案例。默克公司需要识别一些化学药品对于特定疾病的有效性，往往要对成千上万种的化合物一一进行测试，才能测试出它最终的效果。这种传统做法的效率是很低的，于是默克公司想出了一个更好的办法。默克公司曾于 2012 年举办了一个为期 8 周的比赛，奖金是 4 万美元，随后它在全球发布了测试过程的数据，要求参赛者从中识别出最有希望进行测试的那一组化合物。

比赛吸引了全球 238 支队伍参加，他们收到了 2500 多份提案，最终胜出者是一名计算机科学家，而并非生命科学家。他们采用的是默克这样的医药公司所不熟悉的机器学习法，找到了最后的答案。这一众包模式所带来的成果非常引人注目，得到了许多赞许，还登上了《纽约时报》。这就是跨界众包模式所产生的价值，它能解决我们行业顶级专家都解决不了的问题。

在互联网时代,很多企业对于建网站、设计 logo、做策划等有了更多的需求。这是一种刚性需求,是企业的必需品,但是在设计这一领域,工作能力是参差不齐的。猪八戒网的众包平台就提供了这样一种连接,它覆盖了大概 1000 种企业级的服务,可满足全行业中小微企业的需求,这也是众包模式所产生的价值。

猪八戒网作为中间平台,连接了需求和供给,并在用户的交易过程中尽量保持透明。为了让交易双方之间产生更多的信任,猪八戒网通过平台大数据进行统计分析,计算出一个合理的价格,然后呈现给交易双方。

正如猪八戒网的创始人朱明跃在"2016 商界木兰会"上所说:"我们做平台的人一定是要让用户去赚第一桶金,让他们有成就感,我们赚最后一桶金,如此而已。"猪八戒网作为一个众包平台,致力于服务创业者,助力中小企业的成长和发展,做解决问题的人和需要解决问题的企业之间的桥梁。

猪八戒网还在众包模式的应用过程中灵活地进行流量变现:一方面,猪八戒网可以把平台的流量卖给服务方,模仿淘宝网的形式进行变现;另一方面,结合猪八戒这个网站的特点,它还为需求方提供专利申请、注册商标、保护知识产权等服务,但是这些服务是收费的,属于增值服务,这也是猪八戒网一个灵活变现的形式。

具体来看,从 2015 年开始,猪八戒网的主要收入不再是通过收取佣金、会员费和广告费来获得，而是采用了"数据海洋＋钻井平台"的战略，开辟拓展了八戒知识产权、八戒金融、八戒工程、八戒印刷等"钻井"业务。就拿其中的八戒知识产权来说，据国家商标总局统计，其成立仅仅一年后，就成为平均单日注册量最多的公司。

　　你可以思考一下，在众包模式中你可以扮演什么样的角色、发挥什么样的作用？你是问题的提出方、问题的解决方，还是搭建桥梁的平台方？这三个角色中都有机会，就看你如何定位。